구입 문의 1577-3537
www.niefather.com

초등학생 영역별 필독서 36권 선정(1~3호)
책마다 전체 내용 요약 지문과 심층 질문 7개씩 제시

(주)이태종 NE 논술연구소

토론 논술 감상문까지 OK!

초등학생 문해독서 초급 2호

행복한 논술 편집부 엮음

- 벌집이 너무 좁아!
- 지구를 구한 꿈틀이사우루스
- 구름 박사님~ 날씨 일기 쓰세요?
- 우리나라를 소개합니다
- 도깨비 시장
- 겁보 만보
- 똥벼락
- 엉뚱한 수리점
- 무조건 내 말이 맞아!
- 그 소문 들었어?
- 롤라와 나
- 행복한 왕자

독서를 지도하시는 분
심층 독서가 필요한 학생을 위한 책!

잎싹은 닭장에 갇힌 채 병아리가 될 수 없는 무정란만 낳다가 죽을 운명이다. 그런 잎싹이 알을 품어 병아리를 갖고 싶은 꿈을 꾼다. 꿈을 이루려면 닭장을 나와 수탉과 함께 지내야 한다. 주어진 상황만 놓고 보면 이룰 수 없는 꿈이다. 『마당을 나온 암탉』(황선미 지음, 사계절 펴냄)의 줄거리다.

잎싹은 주인이 주는 먹이를 배불리 먹고 알만 많이 낳으면 된다. 그런데 왜 불가능한 꿈을 꿨을까. 대다수는 주어진 삶에 안주하고 도전하기를 꺼린다. 잎싹의 이러한 모습은 아무런 꿈도 없이 사는 사람들에게 자기 점검의 기회가 된다. 『문해독서』는 '지은이가 왜 주인이 주는 먹이를 배부르게 먹고 알만 낳으면 되는 잎싹에게, 알을 품고 새끼를 키우는 불가능한 꿈을 꾸게 만들었나?'를 묻는다. 도전의 중요성을 일깨우기 위한 질문이다. 불가능을 가능하게 만드는 것이 도전의 힘이다. 인류에게 도전 정신이 없었다면 비행기나 자동차는 지금도 나오지 못했을 것이다. 문제는 도전해서 꿈을 이루는 과정이 험난하다는 데 있다. 꿈을 꾸고 도전하면 온 우주가 돕는다는 말이 있다. 잎싹은 우여곡절 끝에 닭장을 나오는 데까지는 성공한다.

잎싹이 볼 때 이상향이던 마당은 레드오션이다. 마당의 식구들이 잎싹을 받아 주지 않고 냉대한 까닭을 『문해독서』가 물은 이유가 여기에 있다. 꿈을 이루기까지는 현실의 진입 장벽이 너무 높아 좌절이 크다는 사실을 보여 주려는 질문이다. 어느 사회나 기득권층이 있다. 신참자가 등장하면 여지없이 경쟁 의식과 차별을 두려는 특권 의식이 작동한다. 기득권층처럼 지키려고만 들면 문화나 경제 모두 지체 현상이 벌어진다. 『문해독서』는 이러한 사실을 알리기 위해 마당에서 누리는 사람들처럼 자기가 이룰 수 있는 꿈만 꾼다면 사회에 어떤 영향을 미칠지 물어본다.

잎싹은 진입 장벽에 가로막혀 결국 새로운 세상을 개척해야 한다. 아무도 가지 않은 길이어서 이정표도 없고 나침판도 없다. 한 발자국만 잘못 옮겨도 낭떠러지다. 안전한 마당을 떠난 잎싹은, 다른 동물들에게 따돌림을 당하고 족제비에게는 생명의 위협까지 받는다. 그래도 잎싹에게는 자기 꿈대로 살 수 있는 행복이 있다. 『문해독서』는 다시 '닭장에서 사는 암탉', '마당에서 사는 암탉', '마당을 떠난 암탉' 가운데 나라면 어떤 닭이 되어 살고 싶은지 질문한다.

잎싹은 마침내 알을 품어 새 생명을 탄생시키는 꿈을 실현한다. 하지만 스스로 낳은 게 아니라 주인을 잃은 청둥오리의 알이다. 잎싹은 집도 없이 떠돌면서 아기 오리 초록머리를 정성껏 돌봐 멋진 청둥오리로 성장시킨다. 나중에는 초록머리를 야생 청둥오리 무리에게 떠나보낸다. 그 뒤 늙고 지친 잎싹은 족제비에게 잡혀먹히고 도전은 끝난다.

잎싹은 꿈을 이룬 것일까. 자신의 꿈을 원래의 설계대로 실현시키는 사람은 드물다. 삶은 정해진 운명대로 가는 것이 아니기 때문이다. 『문해독서』는 그 즈음에 '잎싹은 꿈을 이뤘다'는 주제로 찬반 토론을 하도록 제시한다. 토론을 하면서 삶이란 목표를 이루기 위해 도전하는 과정의 연속이며, 결과가 어떠하든 존중을 받아야 한다는 사실을 깨닫도록 하기 위함이다.

잎싹이 초록머리를 청둥오리 무리에게 떠나보냈는데, 초록머리를 보낸 선택이 옳은지 자기 의견을 밝히는 문제도 낸다. 잎싹에게 목숨을 건 도전을 통해 남은 결과물은 초록머리뿐이다. 그런데도 미련 없이 되돌려 준다. 돈이든 지식재산이든 삶에서 얻은 결과물은 마지막까지 소유하고 싶은 욕망을 놓지 못하는 것이 사람의 마음이다. 기득권층이 마당을 끝까지 사수하려고 드는 이유다. 따라서 지속 가능한 삶을 위해 미래 세대에 대한 책임 의식을 심어 주기 위한 『문해독서』의 물음인 것이다.

『문해독서』는 결론적으로 '저학년 때는 꿈이 백만 개나 되는데, 고학년이 되면서 한 반에서 셋 중 한 명은 꿈이 없다'는 내용의 신문 기사를 제시한다. 그리고 '어른이 되면 가지고 싶은 직업 또는 이루고 싶은 꿈을 한 가지만 구체적으로 정한 뒤, 지금 어떤 노력을 기울여야 이룰 수 있을지 자신을 점검하라.'고 질문을 맺는다.

『마당을 나온 암탉』은 꿈이 없는 시대를 사는 어린이들에게 가장 소중한 꿈과 도전, 미래 세대에 대한 책임 의식을 불러일으키려고 다뤘다. 『문해독서』가 선정한 책들은 이처럼 신문 기사와 접목해 현실에 바탕을 두고 치밀하면서도 융합적 시각으로 접근했기 때문에 독서 토론의 새로운 이정표가 될 수 있다. 예를 들어 『흥부전』에서는 노동이 없는 소득에 세금을 많이 부과해야 하는 까닭, 흥부의 다자녀 정신과 노블레스 오블리주 정신이 현대에 필요한 이유, 박을 한 번 타고 그쳤으면 나왔을 텐데 마지막 박까지 타서 목숨을 잃을 위기에 빠진 놀부의 투기 심리와 카지노 폐인을 연계한 문제까지 철저하게 경제적 시각에서 조명한다. 각 호에 들어 있는 12권의 책을 이처럼 융합적 방식으로 읽으면 고전을 통해 세상을 보는 지혜의 눈이 뜨일 것이다.

『문해독서』는 초등학생용 시사논술 월간지 '행복한 논술'이 10년 넘게 개발한 신개념 독서 프로그램이다. 이들 책에는 4차 산업혁명 시대의 초등학생이라면 갖춰야 할 다양한 영역의 배경 지식과 지혜가 담겨 있다. 선정한 책마다 독서의 방향성과 지식의 확장성을 뒷받침할 수 있는 전체 내용 요약 지문과 급별로 7~8개의 심층 질문을 제시한다. 마지막 심층 질문은 시사와 연계해 토론과 논술이 가능하도록 해서, 융합적 사고력과 문제 해결 능력을 키울 수 있다. 한 권의 책을 읽어도 뚫어지게 읽으면서 평생의 자양분으로 삼으면 좋겠다.

행복한 논술 편집부

초등학생 문해독서 초급 2호

차례 보기

과학	01	『벌집이 너무 좁아!』 침입자 벌과도 함께 사는 게 이익이야	7
	02	『지구를 구한 꿈틀이사우루스』 지렁이 살려야 오염된 지구 구할 수 있어	15
	03	『구름 박사님~ 날씨 일기 쓰세요?』 날씨 미리 알면 생활이 편리해진다	23
문화	04	『우리나라를 소개합니다』 무궁화, 세종대왕… 우리나라를 대표하는 것들	31
기타	05	『도깨비 시장』 착한 마음씨의 가치는 얼마일까	39
국내 문학	06	『겁보 만보』 자기 일은 스스로 하는 습관 길러야	47

| 07 『똥벼락』 | 55 |

정직하게 열심히 살면 주위에서도 도와

| 08 『엉뚱한 수리점』 | 63 |

지금 그대로가 특별하고 멋있어

| 09 『무조건 내 말이 맞아!』 | 71 |

나와 생각이 다른 의견도 귀담아 들어야 해

세계 문학 | 10 『그 소문 들었어?』 | 79 |

소문을 그대로 믿고 옮기면 안 돼요

| 11 『롤라와 나』 | 87 |

시각장애인 소녀와 도우미견의 우정

| 12 『행복한 왕자』 | 95 |

나눔의 기쁨을 알아요

답안과 풀이 103

☞ 지침서는 행복한 논술 홈페이지(www.niefather.com) 자료실에서 내려받으실 수 있습니다.

01 과학 | 침입자 벌과도 함께 사는 게 이익이야

『벌집이 너무 좁아!』

안드레스 피 안드레우 지음, 고래이야기 펴냄, 34쪽

 줄거리

    이 이야기는 외국에서 다른 나라로 이사를 와서 사는 사람들을 침입자 벌에 빗대어 썼습니다. 어느 날 꿀벌들은 벌통이 너무 좁아졌다고 말합니다. 다닥다닥 붙어서 일해야 하고, 신문조차 펼쳐 읽을 수 없기 때문이죠. 밖에서 들어온 벌이 감염병을 옮길 수도 있다는 소문이 퍼집니다. 자기 일자리를 잃을까 봐 걱정하는 벌도 있지요. 벌들은 침입자 벌을 찾아내자고 소란을 떱니다. 이때 여왕벌이 나섭니다. 모든 벌들이 꽃에서 단물을 모아 꿀을 만드는 꿀벌이니, 서로 다를 게 없다고 말합니다. 침입자를 찾는 대신 방을 하나 더 만들자는 의견을 내지요.

침입자 벌이 병을 옮길 거라며 불안해져

▲벌집의 꿀벌들은 밖에서 날아 들어온 벌이 있다는 소식에 깜짝 놀라 소동을 벌였다.

(가)어느 날 꿀벌들이 회의를 하려고 모였습니다. 회의 주제는 '우리가 사는 집이 왜 비좁아졌을까'였습니다. 일할 때도 항상 다닥다닥 붙어서 해야 하고, 휴식 시간에는 퍼즐 맞추기는커녕 구슬치기도 할 수 없고, 신문조차 마음 놓고 펼쳐 읽을 수 없었거든요.

조사관 꿀벌들은 꼬박 일주일 동안 밤에도 쉬지 않고 벌집을 샅샅이 조사했습니다. 7일째 되는 날, 잠시 숨을 고른 뒤 공포로 잔뜩 질린 표정을 지으며 큰 목소리로 말했습니다.

"우리 벌집에 꿀벌 한 마리가 더 있습니다!"

갑자기 무거운 침묵이 흘렀습니다.

"밖에서 날아 들어온 벌 한 마리가 우리가 열심히 만들어 놓은 꿀을 먹고 있을 거야."

뚱뚱보 벌이 말했습니다.

"분명히 지저분하게 씻지도 않고 먹고 자고 할 거야. 아마 우리 벌집보다 더 작은 벌집에서 왔을 거야. 우리한테 병이라도 옮기면 어떻게 하지?"

수벌이 말했습니다. (4~8, 13, 17쪽)

본문 맛보기

여왕벌은 방을 하나 더 만들자고 말해

(나) "어쩌면 내 일자리를 빼앗아 버릴지도 몰라. 도대체 누구야? 우리 공간을 빼앗는 벌이 누구냐고!"

모두들 화가 나서 한목소리로 소리쳤습니다. 하지만 끝내 그 벌이 누구인지 알 수 없었습니다. 벌집 안의 소동은 점점 거세져서 그야말로 벌집을 쑤셔 놓은 것 같았습니다. 그때 여왕벌이 나섰습니다.

"자자, 벌 국민 여러분! 우리 모두 더듬이를 가지고 있지요?"

"네, 당연히 가지고 있죠."

▲여왕벌은 다른 꿀벌들에게 침입자 벌을 위해 방을 하나 더 만들자고 말했다.

"우리 모두 배에 노란색과 검은색 줄무늬가 있지요?"

"네, 그렇지요!"

벌들은 합창하듯 대답했습니다.

"우리 모두 벌침을 가지고 있고 꽃에서 단물을 모아 와 꿀을 만들지요?"

"네, 맞아요!"

"그렇다면, 사랑하는 벌 국민 여러분! 어쩌면 우리 벌집에 침입자가 하나 있는 게 아니라, 방이 하나 모자란 것은 아닐까요? 침입자를 찾는 대신, 그 시간에 모두 힘을 모아 우리 벌집에 방 하나를 더 만들면 어떨까요?"

"좋아요!"

벌들은 그제야 방을 하나 더 만들기 시작했습니다. (18, 24~28쪽)

생각이 쏘옥

1 꿀벌들이 회의를 연 까닭을 말해 보세요.

▲문제가 생겼을 때 모여서 의견을 나누면 해결 방법을 찾을 수 있다.

머리에 쏘옥

침입자 벌에 대한 잘못된 생각

침입자 벌은 외국에서 다른 나라로 이사한 사람들을 빗대어 표현한 것입니다.

외국에서 이사를 온 사람들은 피부색이나 언어, 문화가 다르다는 이유로 따돌림을 당하거나 여러 가지로 차별을 받습니다.

사람은 낯선 것을 보면 겁을 먹기도 하고 싫어하는 마음도 생깁니다. 자기가 피해를 볼까 봐 먼저 무시하거나 깔보기도 하지요.

하지만 겉모습이나 말이 달라도 사람은 모두 똑같이 소중하답니다.

2 침입자 벌이 감염병을 옮길 거라고 생각한 까닭은 무엇인가요?

▲침입자 벌이 잘 씻지도 않는다고 생각했다.

생각이 쑥

3 벌집에 살던 벌들이 침입자 벌을 싫어하는 것처럼, 우리 나라에 돈을 벌려고 온 외국인이나 다문화가정 사람들을 싫어하는 사람들도 있는데, 왜 그럴까요?

▲피부색이 다른 사람들이 결혼하고 있다.

머리에 쏘옥

늘어나는 다문화가정

다문화가정이란 서로 다른 나라 사람들이 만나 결혼해서 이뤄진 가정을 말해요.

다문화가정이 늘어나는 이유는 외국에 오가는 사람들이 많아졌기 때문입니다. 다른 나라로 공부하러 가서 외국인과 결혼해 돌아오거나, 돈을 벌기 위해 오는 외국인도 늘고 있지요.

다른 나라 사람들이 일을 하러 오면 우리나라 사람들은 일자리를 빼앗기게 됩니다. 또 그 사람들이 범죄를 저지를 수도 있지요. 나라에서 외국인들을 위해 여러 가지 혜택을 주기 때문에 부모님이 내는 세금도 그들을 위해 쓰입니다. 그래서 싫어하는 사람들이 있는 것입니다.

4 여왕벌은 새로 들어온 벌을 찾으려고 애쓰지 말고, 방을 하나 더 만들자고 말합니다. 침입자 벌을 찾는 것보다 방을 하나 더 만드는 것이 좋은 까닭을 이야기해 보세요.

▲망치와 못을 이용해 집을 짓고 있다.

생각이 쑤욱

5 꿀벌들이 침입자 벌을 쫓아내지 않고 받아들이는 것이 이익인 것처럼, 외국에서 우리나라로 이사를 온 사람들을 그대로 받아들이면 어떤 점이 좋을까요?

▲외국인이 이사를 오면 일할 사람이 늘어나서 좋다.

6 우리나라에 들어온 외국인이나 다문화가정 어린이들을 봐도 두렵거나 낯설지 않게 생각하려면 어떤 노력을 하면 좋을까요?

▲외국의 생활과 문화를 이해하기 위해 여러 나라의 전래 동화를 읽고 있다.

머리에 쏘옥

꿀벌은 침입자 벌 쫓아내지 않아

꿀을 따러 나갔다가 길을 잃어 다른 벌집으로 들어가는 꿀벌이 있다고 합니다.

이때 벌집의 입구를 지키는 문지기 벌은 그 벌을 쫓아내지 않는답니다. 꿀을 따온 꿀벌을 쫓아내는 것보다는 함께 살면 꿀을 더 많이 모을 수 있기 때문이지요.

외국인을 받아들이면 좋은 이유

외국에서 일자리를 찾아 우리나라로 온 사람들이나 다문화가정 사람들이 늘어나고 있어요.

그런데 그들이 일자리를 빼앗고 범죄를 저지를 수 있다고만 생각하면 안 됩니다.

그들이 들어오면 우리나라 사람들이 싫어하는 일자리를 찾아서 일을 하기도 합니다. 인구가 늘어나면 생활에 필요한 물건을 사서 쓰기 때문에 공장이 잘 돌아가 일자리가 더 늘어납니다.

다른 나라의 문화도 우리나라에 알려져 우리 문화도 발전합니다.

우리나라에 들어온 외국인이나 다문화가정 사람이 살던 나라에 우리나라가 많이 알려져 우리 나라의 물건이 더 많이 수출되기도 하지요.

▲외국인을 받아들이면 소비가 늘어나서 일자리가 더 생긴다.

7 우리나라 초등학교에는 지금 한 반에 한두 명은 다문화가정의 어린이가 있는데, 따돌림을 당하기도 합니다. 꿀벌의 예를 들어 다문화가정의 어린이들과 서로 돕고 함께 어울려 지내는 것이 좋다고 친구들에게 말해 보세요(200~250자).

우리나라 초등학생 50명 가운데 1명은 다문화가정의 자녀다. 다문화가정의 아이들은 한국말이 서툴고, 문화가 달라 학교 생활에 적응하기 쉽지 않다. 그래서 학교를 그만두는 학생이 있다고 한다. 다문화가정의 자녀들이 잘 적응할 수 있도록 돕는 교육이 필요하다.

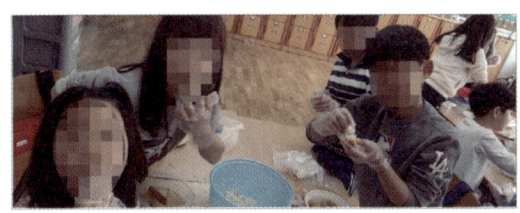
▲다문화가정의 아이들과 함께 세계 음식 만들기 체험을 하면서 다른 나라의 음식 문화를 배우는 모습.

<신문 기사 참조>

02 과학 | 지렁이 살려야 오염된 지구 구할 수 있어

『지구를 구한 꿈틀이사우루스』

캐런 트래포드 지음, 현암사 펴냄, 62쪽

줄거리

지렁이는 공룡 시대부터 지금까지 모든 쓰레기를 분해해 지구를 깨끗하게 지켜왔어요. 지렁이가 없다면 지구는 온갖 생물의 배설물 등 때문에 쓰레기 더미에 파묻히고 말 것입니다. 하지만 사람들은 지렁이뿐만 아니라 많은 생물의 터전을 빼앗았습니다. 이제 온갖 쓰레기들로 넘쳐나는 지구를 살리려면 지렁이와 미생물의 소중함을 깨닫고, 환경 오염을 막기 위해 노력해야 합니다.

본문 맛보기

옛날에는 지렁이가 쓰레기 분해해 환경 오염 없어

▲공룡 시대에 지렁이가 사는 모습.

(가)지렁이가 지구에 처음 나타난 것은 무시무시한 공룡 시대였어요. 공룡 시대는 정말 살기 좋았어요. 식물은 햇빛을 받고 자라서 동물의 먹이가 되고, 동물은 식물을 먹고 응가를 해요. 그 응가를 지렁이가 먹고 다시 응가를 해서 식물을 위한 식량을 만들어 줘요. 그러면 식물은 그 식량을 먹고 무럭무럭 자랐답니다. 세상은 그렇게 돌고 돌았어요. 지렁이의 응가 속에는 식물이 좋아하는 영양분이 듬뿍 들어 있거든요. 또 박테리아처럼 흙에 이로운 미생물도 정말 많답니다. 지렁이 한 마리의 몸속에는 5000억 마리의 박테리아가 살고 있어요. 지구에 사는 사람의 수보다 100배쯤 더 많지요. 여러분에겐 땅에 떨어진 잎이나 나뭇가지, 응가가 더러운 쓰레기로만 보이죠? 지렁이와 박테리아는 그 쓰레기로 식물을 위한 최고의 음식을 만들어요. 자연에는 원래 쓰레기가 없지요. 자연에 있는 모든 것은 다른 누군가를 위한 맛있는 음식이라고요. (10, 18, 20~21쪽)

이런 뜻이에요

박테리아 몸이 세포 하나로 이루어진 가장 작은 동물. 양분이 있으면 어디서든지 살 수 있다.
미생물 0.1밀리미터보다 작은 크기의 생물. 박테리아나 바이러스 등을 말한다.

> 본문 맛보기

도시 건설로 지렁이 사라지며 쓰레기 넘쳐

(나)공룡이 살던 시절은 지렁이가 살기에도 정말 좋았지요. 그 뒤로도 오랫동안은 괜찮았죠. 인간이 나타나기 전까지요. 시간이 흐르면서 지렁이가 지켜 온 지구에 인간이 점점 많아졌어요. 인간은 빠르게 늘어나서 많은 도시가 생겼어요. 1800년대 산업혁명이 빠르게 이뤄지면서 지렁이에게 큰 위기가 닥쳤어요. 공장이 많이 생기고 무지무지하게 큰 도시가 나타나기 시작했지요. 도시에서 나온 쓰레기가 강과 바다로 흘러들어서, 지렁이가 살 수 있는 땅은 점점 줄어들었어요. 먹을 것을 구하기가 점점 더 힘들어졌지요. 인간이 땅이

▲도시의 땅속에서 지렁이가 죽은 모습과 살기 위해 다른 곳으로 이사를 가는 모습.

란 땅에는 죄다 길을 닦고 건물을 지었거든요. 여러 해 동안 인간은 끝없이 넘쳐나는 쓰레기를 처리할 방법을 연구했어요. 이때, 찰스 다윈(1809~82)이 지렁이를 위해 목소리를 높였어요. 그는 지렁이가 지구를 위해 정말 중요한 생물이라는 걸 알고 있었어요. 사실 자연은 이미 수백만 년 전부터 그 방법을 알고 있었어요. (23, 26, 36~38, 56쪽)

> **이런 뜻이에요**
> **찰스 다윈** 영국의 생물학자로, 생물은 환경에 가장 잘 적응하는 것만 살아남는다는 사실을 밝혀냈다.

생각이 쑤욱

1 공룡 시대에는 왜 쓰레기가 없었나요?

▲지렁이와 박테리아는 자연에서 나오는 쓰레기로 식물을 위한 최고의 음식을 만들었다.

2 지렁이의 똥이 왜 식물의 가장 맛있는 음식인가요?

▲지렁이가 눈 검은 흙똥.

머리에 쏘옥

지렁이가 하는 일

지렁이가 제일 잘하는 일은 계속해서 먹는 일이에요. 잎이나 나뭇가지, 동물의 똥을 흙과 함께 계속 먹지요. 그러다 더 이상 참을 수 없는 순간이 오면 똥을 누어요.

지렁이의 똥이 식물에겐 최고로 맛있는 음식이지요.

▲지렁이

분변토

지렁이가 눈 검은 흙똥을 분변토라고해요. 분변토에는 식물에 이로운 미생물이 많이 살지요. 또 나쁜 세균이 살지 못하게 막아 줘요. 분변토는 다른 동물의 똥과는 달리 냄새가 나지 않을 뿐 아니라 주변의 나쁜 냄새를 흡수하고 벌레도 막아 준답니다.

분변토가 많아지면 화학 비료를 주지 않아도 식물이 잘 자라서 농사에 큰 도움이 되지요.

요새는 지렁이를 이용한 농사법이 인기랍니다.

생각이 쑥

3 (나)의 밑줄 친 부분에서 지렁이에게 큰 위기가 닥친 까닭을 설명하세요.

▲빌딩이 들어서고 도로가 포장되면 땅이 숨을 쉬지 못하기 때문에 지렁이도 살 수 없다.

4 다윈은 왜 지렁이가 지구를 위해 무척 중요한 생물이라고 말했나요?

머리에 쏘옥

스스로 수를 조절하는 지렁이

지렁이는 주변에 먹을 것이 많아지면 짝짓기를 해요. 지렁이는 한 몸에 암컷과 수컷의 특징을 모두 가지고 있기 때문에 두 마리 모두 알을 낳아 새끼를 칩니다. 그래서 금세 수가 많이 늘어난답니다.

하지만 지렁이는 먹을 것이 부족하면 알을 낳지 않아요. 먹이도 없는데 지렁이 수만 많아지면 굶어 죽기 때문이지요.

다윈의 지렁이 실험

옛날 사람들은 지렁이를 나쁜 동물이라고 생각했어요. 지렁이가 식물의 뿌리를 먹어서 식물을 죽게 한다고 믿었기 때문이죠.

다윈은 항아리에 흙을 담아 지렁이를 키웠어요. 유리와 도자기 조각도 함께 넣었지요. 며칠 후 날카로운 조각의 모서리는 둥글둥글해졌고, 흙은 곱고 촉촉해졌답니다. 지렁이가 땅을 기름지게 일군다는 사실을 알아낸 것이지요.

▲찰스 다윈

생각이 쑥쑥

5 농사를 잘 짓기 위해 쓴 화학 비료가 결국 농사를 망치게 하는 까닭을 말해 보세요.

6 호주의 한 도시 주변에는 지렁이에게 쓰레기를 먹여 분해시키고, 지렁이가 눈 똥으로 농사를 짓는 농장이 있어요. 이 지렁이 농장이 환경 보호에 도움을 주는 까닭은 무엇일까요?

▲지렁이 농장.

머리에 쏘옥

농사에 농약과 화학 비료 쓰면 환경 망쳐요

사람은 식물을 더 빨리 키우고, 열매도 많이 맺게 하려고 화학 비료를 썼지요. 해충을 없애려고 농약도 뿌렸고요.

화학 비료와 농약을 쓰면 지렁이는 그 자리에서 죽거나 견디지 못하고 다른 곳으로 도망을 가지요. 지렁이뿐만 아니라 땅속에 사는 다른 미생물도 함께 죽는답니다. 화학 약품이 잔뜩 묻은 지렁이를 먹은 새도 곧 죽지요. 죽은 생물이 분해되지 않아 땅에 영양분이 부족해져서 농사도 잘 안 된답니다.

지렁이 농장

호주의 브리스베인이라는 도시의 주변에는 지렁이 농장이 있어요. 농장에는 일주일에 400톤(1톤은 1000킬로그램)의 쓰레기가 들어오지요. 쓰레기는 땅에 묻을 필요가 없어요. 쓰레기를 식물과 섞어서 잘게 자르면 지렁이의 식량이 되기 때문이죠.

지렁이 농장에는 2억 마리가 넘는 지렁이가 살고 있는데, 매주 400톤의 쓰레기를 먹고 140톤의 똥을 누어요. 지렁이의 똥은 냄새도 없어서 공해가 없는 천연 비료로 팔립니다.

7 아래 글에서 썩는 플라스틱을 만드는 일이 환경 오염을 줄이는 이유를 말해 보세요(200~250자).

> 흔히 사용하는 플라스틱에는 석유가 들어 있고, 몸에 좋지 않는 물질(환경호르몬)이 나온다. 오랫동안 썩지도 않아서 지렁이도 못 먹고, 사람에게도 해롭다. 지렁이는 음식물 쓰레기와 개똥, 종이, 헝겊 등 썩는 것은 무엇이든 다 잘 먹는다. 그래서 썩는 플라스틱을 개발했다. 커피 찌꺼기와 옥수수 전분으로 만든 플라스틱은 일반 플라스틱과 달리 전부 썩어서 흙으로 돌아간다. 지금도 많은 과학자들이 잘 썩는 플라스틱을 연구하고 있다.

▲커피 찌꺼기와 옥수수 전분을 섞어 만든 플라스틱으로 만든 컵.

<신문 기사 참조>

03 과학 | 날씨 미리 알면 생활이 편리해진다

『구름 박사님~ 날씨 일기 쓰세요?』

줄리 해너 외 지음, 봄나무 펴냄, 72쪽

줄거리

옛날 사람들은 하늘을 보거나, 짐승과 곤충의 움직임을 보고 날씨를 짐작했습니다. 날씨를 미리 알아 대비하고 싶었기 때문이지요. 영국의 기상학자인 루크 하워드(1772~1864)는 다양하게 변하는 구름에 이름을 붙여 현대 기상학의 기초를 닦았습니다. 그는 구름의 모양에 따라 날씨가 달라짐을 알았는데, 날마다 구름의 모습을 그리면서 연구했습니다. 그리고 누구나 구름을 보고 날씨를 미리 알 수 있도록 구름을 모양에 따라 분류했지요.

옛날에는 자연의 변화 살펴서 날씨 짐작

▲솔방울은 습도가 낮으면 비늘이 활짝 펼쳐지고(왼쪽), 습도가 높으면 비늘이 접힌다(오른쪽).

(가)옛날에는 날씨가 왜 변하는지 알지 못했어요. 그래서 어부와 농부는 자연의 변화를 보고 비바람이 닥칠지 알아냈어요. 건조하고 맑은 날에는 솔방울의 비늘이 밖으로 벌어집니다. 비늘이 닫혀 있다면 곧 비가 내린다는 뜻이에요. 뱃사람들은 붉은 저녁 노을을 반가워했습니다. 해가 지는 서쪽 공기가 건조하다는 뜻이거든요. 바람은 흔히 서쪽에서 동쪽으로 움직이면서 날씨를 바꾸어 놓으니, 서쪽에서 건조한 바람이 불어와 하늘이 맑을 거라고 짐작할 수 있어요. 반대로 해가 뜨는 하늘이 붉은빛을 띠면, 건조한 공기가 서쪽에서 해가 뜨는 동쪽으로 벌써 옮겨 갔다는 뜻이죠. 그러니 서쪽에서 구름이나 폭풍우가 닥쳐올지도 몰라요. 1783년 여름, 루크가 열 살 때 밤하늘에 불덩어리 같은 별똥별이 하늘을 가로질러 날아갔어요! 루크와 수많은 사람의 눈앞에서 벌어진 일이었지요. 사람들은 큰일이 생길까 봐 걱정했어요. 과학자들은 대기 연구에 더욱 힘을 쏟았고, 루크도 날씨가 더욱 궁금해졌어요. (15, 22~23쪽)

이런 뜻이에요
대기 공기를 달리 이르는 말. 지구의 표면을 둘러싼 기체.

본문 맛보기

구름을 보면 날씨 짐작할 수 있어

 ▲새털구름(권운)이 끼어 있으면 날씨가 흐려진다는 신호다.

 ▲비늘구름(권적운)이 끼어 있으면 비가 곧 온다는 신호다.

 ▲뭉게구름(적운)은 맑은 날에 나타나므로 바깥 활동을 해도 된다.

 ▲비구름(난층운)이 끼어 있으면 비나 눈이 오게 된다.

　(나)사람들은 구름의 생김새를 말꼬리나 물고기 비늘에 빗대어 말했어요. 세찬 비바람이 불 때는 말꼬리처럼 가닥가닥 갈라진 구름이 생겼죠. 물고기 비늘처럼 생긴 구름이 보인 뒤에는 소나기가 내렸다 그치기를 반복했어요. 루크는 매일 날씨 일기를 써서 변화를 기록했어요. 구름의 생김새는 저마다 달랐는데, 짜임새 있게 부르는 이름이 없어서 구름의 모습을 그림으로 그렸어요. 그리고 구름에 이름을 붙여야겠다고 생각했지요. 다른 과학자들이 이미 여러 번 시도했지만 뜻을 이루지 못한 일이었어요. 1783년에는 열기구가 발명되어, 과학자들은 열기구에 올라타고 하늘을 관찰할 수 있게 되었어요. 루크도 열기구를 타고 하늘을 연구했답니다. 그는 평생을 연구한 끝에 구름의 종류를 구분해 이름을 붙일 수 있었어요. 털처럼 생겨 사방팔방으로 펼쳐지는 구름은 권운, 덩어리진 구름은 적운이라고 했어요. 오늘날까지도 쓰이는 구름 이름은 루크가 붙인 이름을 합치거나 바꿔서 만든 것이랍니다. (16, 27~33, 45~54쪽)

생각이 쑤욱

1 날씨에 알맞은 솔방울을 연결하세요.

2 (가)의 밑줄 친 부분에서, 어부와 농부가 각각 날씨를 미리 알고 싶은 까닭을 얘기해 보세요.

머리에 쏘옥

옛 사람은 날씨를 어떻게 미리 알 수 있었을까

옛날에는 동물이나 곤충의 움직임을 보고 날씨를 짐작했어요. 예를 들어 제비가 낮게 날면 비가 온다는 사실을 알았어요.

제비는 하루 종일 하늘에서 보내며 곤충을 잡아먹고 삽니다. 그런데 날씨가 흐리고 습기가 많아지면 곤충의 날개가 습기에 젖어 무거워지기 때문에 낮게 날게 됩니다. 그러면 제비도 곤충을 잡기 위해 낮게 나는 것입니다.

날씨가 사람에게 미치는 영향

농부는 날씨를 잘 살펴서 가뭄과 홍수 등에 대비해야 합니다. 가뭄이 들면 논과 밭에 더 자주 물을 주어야 하지요. 큰비가 오면 빗물이 잘 빠져 나가게 물길을 터 줘야 합니다.

어부는 바람이 잔잔한 날에만 배를 타고 나가 물고기를 잡아야 합니다. 바람이 세게 불어 파도가 높으면 배가 뒤집혀 목숨을 잃을 수 있기 때문이지요.

생각이 쑥욱

3 구름에 이름을 붙여 여러 사람에게 알리면 어떤 점이 좋을까요?

▲하늘에 비구름이 잔뜩 끼어 있으면 곧 비가 내린다는 뜻이다.

4 루크는 날씨를 미리 알기 위해 열기구를 타고 올라가 하늘을 관찰했는데, 지금은 어떻게 하늘을 관찰할까요?

▲높은 곳에서 하늘의 날씨를 관찰하는 기상 위성.

머리에 쏘옥

오늘날 날씨를 미리 아는 기술

오늘날에는 과학 기술이 발달해 날씨를 미리 알기가 쉬워졌어요.

하늘에 쏘아 올린 인공위성을 이용해 날씨를 알 수 있습니다. 인공위성은 사람이 직접 날씨를 관찰하기 어려운 높은 곳까지 올라갈 수 있지요.

라디오존데라는 장치를 풍선에 매달아 공중에 띄워서 높은 곳의 공기 압력과 습도를 알 수 있습니다.

기상관측선(배)을 띄워 바닷물의 짠 정도와 바닷물 흐름의 방향을 알 수 있지요. 물에 띄우는 날씨 관측 장비인 부이를 이용해 바다의 온도와 습도, 파도 높이를 잴 수 있습니다.

▲라디오존데를 띄우는 모습.

생각이 쑤욱

5 루크가 이름을 붙인 '권운'(새털구름)과 '적운'(뭉게구름)의 구름 모양을 그린 뒤, 이런 구름이 끼면 날씨가 어떨지 설명하세요.

	구름 모양	예상되는 날씨
권운		
적운		

머리에 쏘옥

구름을 나타내는 우리말

우리나라 사람들은 옛날부터 구름에 이름을 붙였어요.

새털구름은 새털처럼 하얀 줄무늬 모양의 구름입니다. 날씨가 맑다가 흐려지기 시작할 때 나타나지요. 비늘구름은 작은 구름 조각이 비늘 모양 같다고 해서 붙여진 이름입니다. 이 구름이 나타나면 비가 내립니다.

구름의 위치에 따라서도 이름을 달리 붙였는데, 위턱구름은 가장 높이 떠 있는 구름을 말하고, 밑턱구름은 땅 가까이에 떠 있는 구름을 말합니다.

▲양털구름이라는 이름은 양털 모양이 촘촘하게 이어져 있다고 해서 붙여졌다.

6 아래 구름에 나만의 이름을 지어 붙이고, 이러한 구름이 나타나면 날씨가 어떤지 이야기해 보세요.

7 아래 글의 구름 사진에서 날씨 정보를 두 가지 이상 찾아, 일기를 예보할 때 왜 구름 사진이 중요하게 쓰이는지 말해 보세요(200~250자).

> 기상위성이 찍은 사진을 보면 구름의 크기와 모양, 위치를 알 수 있다. 현재 기상위성이 두세 시간에 1장씩 구름 사진을 찍어 보내 주는데, 이 사진을 보면 지구의 모든 지역에 떠 있는 구름 상태를 알 수 있다. 태풍이 어디로 부는지도 미리 알아 대비할 수 있기 때문에 큰 도움이 된다.
>
>
> ▲인공위성이 찍은 우리나라 근처의 구름 사진.
>
> <신문 기사 참조>

04 문화 | 무궁화, 세종대왕… 우리나라를 대표하는 것들

『우리나라를 소개합니다』
표시정 지음, 키다리 펴냄, 80쪽

줄거리

강이와 산이는 할아버지가 일하시는 민속박물관에 갔습니다. 우리나라의 꽃인 무궁화의 향기를 맡아보고, 조상들의 생활이 계절에 따라 어떻게 바뀌는지도 배웁니다. 천연 염료로 손수건을 물들이면서 전통 문화도 체험합니다. 김치와 비빔밥에 관해서도 배우지요. 통일이 되면 어떤 점이 좋은지도 배웁니다. 둘은 박물관을 둘러보면서 우리나라가 얼마나 자랑스럽고 소중한지 깨닫습니다. 그리고 통일에 관해 진지하게 생각해 봅니다.

이런 뜻이에요

민속박물관 옛날에 쓰던 생활용품이나 기구, 자료 등을 모아 전시하는 박물관.
천연 염료 소라나 나뭇잎 등 자연에서 나오는 재료로 만든 물감.

광개토대왕, 세종대왕, 이순신 장군 등 위인 많아

(가)봄에는 냉이와 달래, 쑥과 같은 향긋한 봄나물을 뜯어 국과 반찬을 만들어 먹었어요. 진달래처럼 먹을 수 있는 꽃은 찹쌀가루를 섞어 화전을 부쳐 먹었답니다. 몹시 더운 삼복에는 삼계탕을 먹었지요. 진열장 안에는 대나무로 만든 평상과 죽부인, 부채 등이 전시

▲한글을 만든 세종대왕 동상.

되어 있었어요. 가을에는 햅쌀로 지은 밥을, 겨울 동짓날에는 팥죽을 먹었어요. 그렇게 하면 집 안으로 나쁜 기운이 들어 오는 것을 막을 수 있다고 믿었거든요. "광개토대왕은 고구려를 세계의 중심지로 만드는 게 꿈이었단다. 그래서 땅을 넓히는 데 힘을 기울였지. 그 덕분에 고구려는 강대국이 될 수 있었어." "얘들아, 조선 시대를 대표하는 사람은 누굴까?" "세종대왕이요. 우리나라의 글자인 한글을 만들었잖아요." "저는 이순신 장군이요. 거북선을 만들어 왜적(일본 해적)을 물리쳤잖아요. 거북선은 세계 최초의 철갑선이고요." 김구는 일본이 우리나라를 빼앗았을 때 나라의 독립을 위해 노력했어요. (21~24, 39~44쪽)

이런 뜻이에요

죽부인 대나무를 얇게 쪼개 여러 겹으로 둥글게 엮어 만든 기구. 껴안으면 시원한 느낌이 들어 여름에 잘 때 쓴다.
동짓날 1년 중 낮이 가장 짧고 밤이 가장 긴 날. 12월 22일이나 23일이다.
철갑선 겉을 철판으로 싸서 만든 배.

 본문 맛보기

전통 음식 비빔밥과 김치, 세계적인 인기 끌어

(나) "옛날 사람들은 남아 있는 음식이 해를 넘기는 것을 싫어했대. 그래서 한 해의 마지막 날 저녁에 남은 밥과 반찬을 모두 비벼서 먹었다는구나." 할아버지가 비빔밥이 어떻게 생겼는지 알려 주었어요. "요즘은 한식이 널리 알려져 세계 여러 나라에서 비빔밥을 맛볼 수 있단다. 어떤 외국인들은 비빔밥을 건강식으로 즐겨 먹기도 하지." "할아버지, 저는 우리나라 대표 음식은 김치라고 생각해요." "예전에는 김치를 싫어하는 외국인이 많았어. 하지만 지금은 김치가 건강식으로 널리 알려져서 김치를 좋아하는 외국인들이 점점 늘고 있다는구나." 체험관에는 우리나라 전통 의상인 한복이 전시되어 있었어요. 한복은 우리나라 기후와 사람들의 몸집에 맞게 만들어진 옷이에요. "한복은 천연 염료로 물을 들여서 색이 아주 곱단다." "입는 방법을 잘 모르겠다면 저기 있는 생활 한복을 입어 보렴. 한복을 편하게 즐겨 입을 수 있도록 불편한 점을 고친 거야." (51~53, 58~66쪽)

▲외국에서 인기를 끄는 우리나라 비빔밥 전문 식당.

이런 뜻이에요
건강식 건강을 지키기 위해 특별하게 만든 음식.

생각이 쏘옥

1 가로 열쇠와 세로 열쇠의 힌트를 보고, 우리나라에 관한 단어를 떠올려 빈칸을 채우세요.

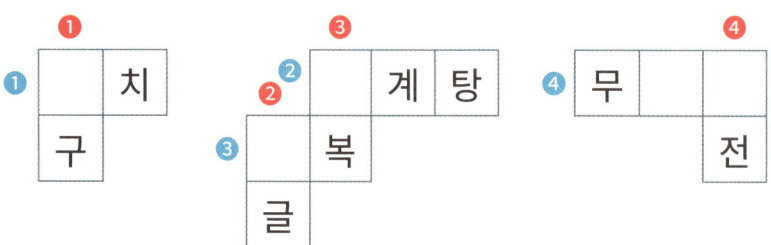

〈가로 열쇠〉	〈세로 열쇠〉
❶ 배추나 무를 소금에 절여 고춧가루 등을 넣어 만든 음식. ❷ 닭의 배 안에 인삼, 대추, 찹쌀 등을 넣고 고아 만든 음식. ❸ 우리나라의 옷. ❹ 우리나라를 대표하는 꽃.	❶ 1910년 일본이 우리나라를 빼앗았을 때, 중국 상해에 임시로 정부를 세워 나라의 독립을 위해 노력한 사람. ❷ 우리나라의 글자. ❸ 여름철의 몹시 더운 기간으로, 초복, 중복, 말복을 모두 말함. ❹ 찹쌀가루와 꽃을 섞어 부친 떡.

2 (가)의 밑줄 친 부분을 참고해 각 계절에 쓰는 물건을 대고, 이유도 말해요.

계절	건강을 해칠 수 있는 날씨의 특징	건강을 지키기 위해 사용하는 물건
봄	바람이 불고 황사가 자주 온다.	
여름		
가을		
겨울		난로, 장갑, 부츠 등.

머리에 쏘옥

우리나라를 대표하는 것들

애국가는 우리나라의 국가입니다. 나라를 사랑하는 마음이 생기게 하는 노래지요.

태권도는 우리나라의 전통 무예입니다. 손과 발, 몸의 각 부분을 써서 차기와 지르기, 막기 등의 기술을 씁니다.

태극기는 우리나라의 국기예요. 태극무늬는 음과 양을 나타내고, 건곤감리 4괘는 하늘, 땅, 물, 불을 가리킵니다.

▲태극기

사계절이 뚜렷한 우리나라

우리나라는 봄과 여름, 가을, 겨울의 사계절이 뚜렷합니다. 그래서 계절에 따라 사람들의 생활 모습도 달라지지요.

봄에는 온도가 높아지며 새싹이 돋아요. 여름에는 덥고, 비가 많이 와요. 가을에는 맑고 시원한 바람이 불어요. 벼와 과일이 익어 거두어들이는 계절이지요. 겨울은 춥고 눈이 많이 내려 농사를 쉰답니다.

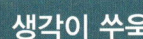

생각이 쑥쑥

3 아래 '산토끼' 노래의 곡에 맞춰 우리나라를 빛낸 위인들을 넣어 2절의 노랫말을 지으세요.

1절: 거 북 선 이 순 신 한 글 은 세 종 대 왕
2절:

1절: 대 한 독 립 안 중 근 발 명 은 장 영 실
2절:

4 아래 사진처럼 간판에 쓰인 영어를 한글로 바꾸면 어떤 점이 좋을까요?

 →

머리에 쏘옥

우리나라를 빛낸 위인들

우리나라는 약 5000년 전에 단군이 세웠습니다. 광개토대왕(재위 391~413)은 땅을 넓혀 고구려를 강대국으로 만들었고, 왕건(재위 918~43)은 삼국으로 나뉘었던 우리나라를 통일해 고려를 세웠어요.

고구려의 을지문덕(?~?)과 고려의 강감찬(948~1031), 조선의 이순신(1545~98) 장군은 외국이 쳐들어왔을 때 나라를 지키기 위해 힘썼지요. 조선의 장영실(1390년경~?)은 백성의 생활을 편리하게 하기 위해 측우기와 물시계 등을 만든 과학자랍니다.

한글을 사랑해야 하는 까닭

한글은 세종대왕(재위 1418~50)이 만든 우리 글자이지요. 글자를 모르는 국민들이 쉽고 빠르게 익히게 하려고 만들었어요. 그런데 요즘에는 외국어를 자랑스럽게 생각하고, 한글을 우습게 여기는 사람들이 많아요. 한자나 영어를 한글로 바꿔 쓰면 이해하기도 쉽고, 한글이 망가지는 것을 막을 수 있어요.

생각이 쑥쑥

5 한복의 좋은 점과 나쁜 점을 말해 보세요.

▲우리 조상들이 즐겨 입던 한복은 추위를 잘 막아 주지만, 입는 데 시간이 많이 걸린다.

6 외국인 친구가 떡볶이를 먹은 뒤 느낌을 말합니다. 떡볶이의 매운 맛을 줄일 수 있는 요리 방법을 알려 주세요.

"뚱뚱한 파스타처럼 생겼는데, 씹을 때는 엄청나게 쫄깃해서 신기해. 그런데 다른 맛은 느껴지지 않고 맵기만 해서 많이는 못 먹겠어. 그래도 먹는 느낌이 재밌어서 다른 친구에게 먹어 보라고 할 거야."

▲우리나라의 인기 음식 떡볶이.

머리에 쏙쏙

생활 한복

한복은 우리 전통 옷이에요. 옷의 크기가 커서 살이 찌거나 홀쭉해도 입을 수 있지요. 그리고 바지나 치마 안에 따뜻한 공기가 들어가 있어서 추위를 견디기에도 좋습니다. 자연에서 나오는 염료로 물을 들여 색도 곱답니다.

그런데 입고 활동하는 데 불편해서 명절이나 기념일에만 입지요. 그래서 요즘에는 고름(옷깃을 여밀 수 있도록 저고리나 두루마기에 단 헝겊 끈) 대신 단추를 달고, 치마 길이를 줄이는 등 편리하게 입을 수 있도록 전통 한복을 고쳤답니다. 이게 생활 한복이지요.

▲생활 한복

외국인들이 한식을 즐기게 하려면

외국에서도 한식을 찾는 사람이 많습니다. 한식은 채소를 재료로 많이 쓰고, 삶거나 찌는 조리법을 사용하므로 건강에 좋기 때문이죠.

그런데 한식이 매워서 싫다는 사람도 있어요. 이럴 때는 간장이나 된장 등 양념의 종류를 바꾸면 됩니다. 그 나라 사람들이 좋아하는 재료를 섞어 보는 것도 방법입니다.

생각이 쑤욱

7 아래 글을 읽은 다음, '한류 선물함'에 넣고 싶은 것을 세 가지만 고르고, 왜 그 물건을 정했는지도 말해 봐요(200~250자).

영국 런던에 사는 다이애나 챈(1993~)은 2016년에 '한류 선물함'을 파는 회사를 만들었다. 2011년에 K팝을 듣고 나서 한국의 매력에 빠졌기 때문이다. 이 회사에 신청하면 한 달에 한 번씩 한글, 한국 음식, 다이어리, 카페 등 '한국'이 배달된다. 매달 주제에 맞춰 아기자기한 한국 상품 10여 개를 넣어 만든 '한국 문화 상자'다. 한 달 구독료 약 2만 5000원을 내면 세계 어디든 배달된다.

<신문 기사 참조>

한류 우리나라에서 만든 영화나 방송, 음악과 옷 등 물건이 외국에서 인기를 끄는 일.
K팝 우리나라의 대중 가요를 외국에서 부르는 말.

▲'한류 선물함'을 파는 다이애나 챈.

| 05 기타 | **착한 마음씨의 가치는 얼마일까** |

『도깨비 시장』

나윤하 지음, 크레용하우스 펴냄, 96쪽

 **줄거리**

　나무꾼 소년이 땔나무를 팔러 시장에 갔는데, 할머니가 나타나 낡은 구리 비녀와 바꾸자고 합니다. 소년은 손해가 났지만 할머니가 불쌍해서 비녀와 맞바꿉니다. 어느새 해가 져서 어두워지고, 소년은 산에서 길을 잃고 헤매다가 도깨비 시장을 만납니다. 도깨비들은 소년에게 구리 비녀를 주면 소원을 들어주겠다고 합니다. 그동안 도깨비들은 사람들에게 소원을 들어주는 척만 하고 골탕을 먹였지만, 소년의 소원만은 이루게 해 줍니다.

소년은 땔나무를 낡은 구리 비녀와 맞바꿔

▲왼쪽 위에서부터 시계 방향으로 이끼 낀 기왓장, 오래된 수저, 구멍 난 짚신, 손때 묻은 다듬잇돌과 방망이. 도깨비 시장에서는 오래된 물건이 인기가 많다.

　(가)옛날 산골 마을에 나무꾼 소년이 늙은 어머니와 함께 살았어요. 소년은 시장에 나가 팔아 먹을 땔감을 마련했어요. 산골 마을은 바위와 돌이 가득한 땅밖에 없고, 물도 부족해 농사를 지을 수 없었어요. 그래서 마을 사람 모두 가난했답니다.

　소년이 시장에서 땔감을 파는데, 웬 할머니가 나타나 낡은 구리 비녀와 바꾸자고 합니다. 소년은 손해가 나서 망설였지만, 늙어서 나무를 하지 못해 밥을 지을 수 없다는 말에 구리 비녀와 바꾸었어요. 소년이 할머니 집에 땔나무까지 가져다 드리고 나자 해가 지고 사방이 캄캄해졌어요. 그래서 길을 잃고 도깨비 시장에 들어가게 되었죠. 시장에는 끈 떨어진 갓, 구멍 난 짚신, 다 닳아 빠진 몽당빗자루 등 낡고 오래된 물건만 있었어요. 도깨비가 사람으로 둔갑하려면 사람의 손때가 묻은 물건이 필요했기 때문이지요. (8~12, 17~26, 35~40쪽)

소년이 사는 마을에 넓은 논과 밭 만들어 줘

▲도깨비들은 소년의 소원대로 산골 마을에 넓은 논과 밭을 만들어 주었다.

　(나)도깨비들은 사람을 골려 주는 이야기를 나누며 웃고 떠들었어요. 술 한 모금 나눠 주지 않는 술장수, 음식이 썩어도 베풀지 않는 최 부자 등 욕심 많은 사람에게 가짜 금화나 가짜 도깨비 방망이를 주고, 골려 준 이야기였지요.

　도깨비들은 사람의 손때가 묻은 오래된 물건 구하기가 힘들다며 불평했어요. 그러다 소년의 낡은 구리 비녀를 보더니 100년도 넘었다며 서로 사겠다고 아우성을 쳤어요. 소년은 아버지에게 물려받은 지게와 할아버지에게 물려받은 작대기도 주고 난 뒤 소원을 말했어요. 마을에 너른 논밭과 큰 저수지를 만들어 달라고 했는데, 도깨비들은 소원을 모두 들어주었어요. 마을 사람들은 이제 끼니 걱정을 안 해도 된다고 기뻐했어요. 그 뒤 소년은 도깨비 시장에 언제 다시 가게 될지 몰라 물건을 오래오래 아껴 썼대요. (48~52, 56~62, 91~93쪽)

생각이 쑥

1 할머니의 낡고 오래된 구리 비녀와 땔감을 바꾼 것으로 볼 때, 소년의 성격은 어떤가요?

▲소년은 손해가 나서 망설였지만 할머니의 구리 비녀와 땔감을 맞바꿨다.

머리에 쏙

마음 착한 소년

나무꾼 소년은 장에 나가 땔감을 팔아 곡식을 사서 먹고 삽니다. 그런데 소년은 땔감을 낡은 구리 비녀와 맞바꾸고 맙니다. 할머니가 땔감을 구하지 못해 밥을 지어 먹지 못한다는 말을 듣고 안타까운 마음이 들었기 때문입니다.

소년은 마음씨가 착해서 불쌍한 사람을 보면 지나치지 못하고 돕습니다. 또 할머니 집까지 땔감을 가져다주는 걸 보면 친절하고 너그러운 성격임을 알 수 있습니다.

2 우리 동네 마트와 도깨비 시장의 차이점을 아는 대로 찾아보세요.

	동네 마트	도깨비 시장
차이점	밤에는 문을 닫는다.	밤에만 문을 연다.

생각이 쑥

3 (나)의 밑줄 친 부분에서, 오래된 물건을 찾기 어려워진 까닭은 무엇이며, 물건을 오래 쓰면 좋은 점과 나쁜 점을 두 가지 이상 들어보세요.

오래된 물건을 찾기 어려운 까닭	
오래 쓰면 좋은 점	
오래 쓰면 나쁜 점	

머리에 쏘옥

물건을 오래 쓰면 좋은 점과 나쁜 점

▲물건을 오래 쓰지 않으면 쓰레기가 많이 나와 환경이 망가진다.

　오래된 물건을 찾을 수 없는 까닭은, 물건을 쓰다가 조금만 싫증이 나도 버리고 새것을 사기 때문이죠.

　물건을 오래 쓰면 쓰레기가 줄어서 환경 보호에 도움이 됩니다. 물건을 새로 만들지 않아도 되므로 자원도 아낄 수 있습니다.

　하지만 물건을 오래 쓰면 낡아서 다칠 수도 있습니다. 또 공장이 돌아가지 않아 일자리가 사라지고, 일을 하는 사람들이 버는 돈도 줄어듭니다.

4 도깨비들이 사람들을 골탕만 먹이다가 소년의 소원을 들어준 까닭은 무엇인가요?

▲도깨비들은 욕심쟁이만 골탕을 먹인다.

생각이 쑥욱

5 돈으로 물건을 사고파는 것보다 도깨비 시장처럼 물물교환을 하면 좋은 점과 나쁜 점을 두 가지씩 말해 보세요.

▲곡식과 물고기를 바꾸듯, 필요한 물건끼리 맞바꾸는 일을 물물교환이라고 한다.

6 나무꾼 소년이 할머니를 돕듯, 조금 손해가 나더라도 어려운 이웃을 도와야 하는 까닭을 예를 들어 이야기해 보세요.

☞버스에서 노약자에게 자리를 양보하지 않으면 나중에 내가 노약자가 되었을 때 자리를 양보 받지 못합니다.

머리에 쏘옥

물물교환의 좋은 점과 나쁜 점

물물교환이란 물건과 물건을 맞바꾸는 일입니다. 예를 들어 육지에서는 소금이 귀하고, 섬에서는 쌀이 귀하기 때문에 육지 사람과 섬사람이 만나서 쌀과 소금을 바꾸었답니다.

물물교환을 하면 나에게 남아도는 물건을 버리지 않고, 필요한 물건으로 바꿀 수 있기 때문에 이익입니다. 하지만 물건을 직접 들고 다녀야 해서 힘이 듭니다. 그리고 같은 물건이라도 나와 상대가 생각하는 가치가 차이가 나면 바꾸지 못하는 단점이 있답니다.

▲우유와 달걀을 바꾸는 물물교환을 하고 있다.

생각이 쑤욱

7 아래 글에 나오는 초등학교 학생들과 이 책의 주인공인 나무꾼 소년이 닮은 점을 말하고, 학교마다 '아나바다' 장터를 열어 이웃을 도우면 좋은 점을 설명하세요(200~250자).

> 제주시의 한 초등학교는 최근 옷과 책, 학용품 등을 파는 '아나바다' 장터를 열어 모은 10만 6510원을 어려운 이웃을 위해 써 달라고 이웃 돕기 단체에 맡겼다. 아나바다는 물건을 아끼고 나누고 바꾸고 다시 쓰면서 불필요한 소비를 줄이자는 뜻이다. 나에게는 필요 없지만 쓸 만한 물건을 다른 사람에게 싼값에 파는 '아나바다 장터'도 있다. 파는 사람은 필요 없는 물건으로 돈을 벌고, 사는 사람은 필요한 물건을 싼값에 사서 이익이다. 필요 없는 물건을 원하는 물건과 바꿀 수도 있다.
>
>
> ▲제주시의 한 초등학교 학생들이 아나바다 장터를 열어 어려운 이웃을 도왔다.
>
> <신문 기사 참조>

06 국내 문학
자기 일은 스스로 하는 습관 길러야

『겁보 만보』

김유 지음, 책읽는곰 펴냄, 82쪽

줄거리

만보는 늦둥이이자 외아들입니다. 만보는 '만 가지 보물'이라는 뜻인데, 이름처럼 튼튼한 몸과 똑똑한 머리, 착한 마음을 지녔습니다. 하지만 딱 하나 못 가진 보물이 있는데, 바로 '용기'입니다. 만보는 바람 소리만 쉬쉭 나도 이불을 뒤집어쓰고, 발소리에도 놀랍니다. 부모님은 만보의 겁을 없애 줄 궁리를 하다가, 만보에게 혼자서 고개 너머 시장에 다녀오라고 심부름을 시킵니다. 만보는 시장에 무사히 다녀온 뒤 겁보 딱지가 뚝 떨어집니다.

부모님이 뭐든 다 해 주는 바람에 겁보로 자라

▲만보는 친구들에게 겁보라고 놀림을 당한다.

"아부지, 똥."

만보 한마디면 아빠는 얼른 요강을 받쳤어.

"엄니, 밥."

만보 한마디면 엄마는 뚝딱 밥상을 내왔어. 엄마 아빠는 만보를 이토록 금쪽같이 여겼어. 만보라는 이름에는 '만 가지 보물'이라는 뜻이 담겨 있어. 만보한테는 정말 보물이 아주 많았어. 엄마 아빠의 넘치는 사랑, 튼튼한 몸, 똑똑한 머리, 착한 마음…. 하지만 딱 하나 못 가진 보물이 있었는데, 그건 다름 아닌 '용기'였어.

만보는 쉭쉭 바람 소리만 나도 눈이 뻥해져선 이불을 뒤집어썼어. 귀는 또 얼마나 밝은지, 자다가도 벌떡 벌떡 일어났어. 만보가 학교에 들어가면서 일은 더 심각해졌어. 엄마 아빠의 품에만 있다가 혼자 떨어져 학교에 가니 무서운 게 한둘이 아니었지. 만보는 누가 공놀이만 해도 공에 맞을세라 담장에 붙어 게걸음을 치고, 누가 툭 치기만 해도 화들짝 놀라 자빠지고, 선생님이 이름만 불러도 오줌을 질금질금 지릴 정도였으니 말 다했지 뭐. (4, 6~7, 9쪽)

본문 맛보기

혼자서 심부름 다녀온 뒤 겁보 딱지 떨어져

엄마 아빠는 마음을 굳게 먹고, 만보한테 바깥심부름부터 시키기로 했어. 혼자 길을 가다 보면 이런 일 저런 일을 맞닥뜨리게 될 테니까. 만보는 말숙이 엄니에게 깨를 가져다 드리려고 집을 나섰어. 눈앞에 커다란 개집이 보였어. 만보는 그 자리에 얼어붙었어. 금방이라도 개가 뛰어나올 것 같았거든. 커다란 검둥개가 어른거리는 것만 같아서 울음을 삼키며 집으로 뛰어들어 왔어. 하지만 거기 개집은 개가 집을 나가 한 달이 넘도록 비어 있었어.

방학이 되자 만보는 방 안에만 콕 박혀 있었어.

"이러다 우리가 세상을 떠나면 만보 혼자 어찌 살겄슈."

엄마는 만보에게 고개 너머 시장으로 심부름을 보냈어. 늘 다니던 곳이었지만 혼자서는 처음이었지. 만보는 풀숲에서 도깨비를 만났어. 도깨비는 만보에게 씨름을 해서 이기면 보내 준다고 했어. 그래서 도깨비의 왼다리를 걸어 넘어뜨렸어. 도깨비의 왼쪽 다리가 헛다리거든. 도깨비는 부지깽이로 변했고, 그 순간 만보의 겁보 딱지도 뚝 떨어졌어. (11~17, 22, 68~80쪽)

▲만보가 겁보 딱지를 떼자 엄마 아빠가 기뻐한다.

생각이 쑤욱

1 만보는 왜 겁보로 자랐나요?

▲만보는 스스로 하는 일이 없어 겁보로 자란다.

머리에 쏘옥

초등학생이 스스로 할 수 있는 일

자기가 할 수 있는 일은 스스로 해야 합니다. 그래야 책임감이 길러지고 자신감이 커져서, 어떤 일이든지 도전할 수 있는 용기가 생긴답니다.

스스로 할 수 있는 일을 찾아서 해 보세요. 예를 들면 장난감 정리하기나 애완동물 밥 주기, 벗은 옷을 빨래통에 넣기, 아침에 일어나 커튼 열기, 밥상에 숟가락과 젓가락 놓기, 빨래 개기 등이 있지요.

▲엄마의 식사 준비를 도와 식탁에 숟가락과 젓가락을 놓고 있다.

2 아침부터 잠들 때까지 자기가 할 수 있는데 부모님이 대신해 주는 일을 적은 뒤, 스스로 실천 계획을 세우세요.

이불 개기	아침에 10분 일찍 일어나는 습관을 들여 이불을 스스로 갤 것이다.

생각이 쑤욱

3 자기 스스로 하면 위험하거나 할 수 없는 일도 있습니다. 아래 표에 나온 일을 저학년 학생이 하면 안 되는 까닭을 이야기해 보세요.

버스를 타고 마트에 가서 장을 봐 와야지.	
수박을 칼로 잘라 먹어야겠다.	
엄마에게 따뜻한 커피를 타 드려야지.	

4 집안일을 열심히 도울수록 어른이 되어서도 성공하는 사람이 많답니다. 성공하는 사람들의 특징인 책임감과 배려심, 자립심을 키우려면 어떤 집안일을 하면 좋을지 말해 보세요.

책임감	
배려심	
자립심	

머리에 쏘옥

집안일을 많이 도울수록 성공 가능성 커

어릴 적부터 집안일을 열심히 도우면 어른이 되어 성공하는 사람이 많다고 합니다.

집안일을 도우면 학교 공부와 다르게 짧은 시간에도 여러 가지 일을 경험하기 때문에 해냈다는 기쁨(성취감)을 자주 맛볼 수 있기 때문입니다. 성취감을 많이 느낄수록 스스로에 대한 믿음이 생겨 자신감도 길러집니다.

자기가 맡아서 꼭 해야 할 일을 하기 때문에 책임감이 강해지고, 남을 돕거나 보살펴 주려고 마음을 쓰는 배려심도 생깁니다. 무엇보다도 남에게 의지하지 않고 자기 스스로 서려는 자립심이 강해집니다.

▲어려서 집안일을 잘하는 어린이가 어른이 되어서도 성공하는 사람이 많다.

5 만보는 부모님의 바깥심부름을 혼자서 해 낸 뒤 겁보 딱지를 떼었어요. 만보의 자신감이 왜 강해졌을까요?

머리에 쏘옥

용기를 가지면 무슨 일이든 할 수 있어

　용기란 씩씩하고 굳세어서 겁을 내지 않는 마음입니다.
　우리나라 속담에 '하늘이 무너져도 솟아날 구멍이 있다.'는 말이 있어요. 아무리 어려운 일이 있어도 벗어날 방법이 있다는 뜻입니다.
　그러니 도저히 해 낼 수 없을 것 같은 일도, 용기를 내어 도전하다 보면 해결 방법이 나온답니다.

▲아기 새가 용기를 내어 처음으로 나는 연습을 하고 있다.

6 과거에 무엇인가 하려다 실패한 일에 다시 도전해서 성공한 경험과 그때 배운 점을 이야기해 보세요.

7 아래 글에 나온 초등학생들의 문제점을 찾고, 혼자 할 수 있는 일은 스스로 해야 한다고 말해 보세요(200~250자).

> 부모님이 하나하나 챙겨 주는 게 익숙해져서 자기 방 청소나 숙제 등 스스로 할 일도 부모님께 맡기는 초등학생이 적지 않다. 이러한 학생들은 혼자 할 수 있는 일도 실패할까 봐 겁을 낸다. 그리고 스스로 생각해서 일을 하지 못하고, 지시를 받아야 마음이 편하다고 한다.
>
> <신문 기사 참조>

▲엄마가 모든 일을 챙겨 주기만 바라는 아이들.

07 국내 문학 | 정직하게 열심히 살면 주위에서도 도와

『똥벼락』

김회경 지음, 사계절 펴냄, 36쪽

 줄거리

돌쇠 아버지는 인색한 김 부자네 집에서 30년간 머슴을 살지만 겨우 돌밭을 받습니다. 그래서 돌밭을 기름지게 만들려고 똥을 부지런히 모읍니다. 그런데 돌쇠 아버지의 정성에 감동한 산도깨비가 나타나 김 부자네 똥을 갖다 줘서 풍년이 듭니다. 정직한 돌쇠 아버지는 밭에서 발견된 금반지를 들고 김 부자네로 가져갑니다. 하지만 김 부자는 돌쇠 아버지를 도둑으로 몰아 똥을 다 내놓든지 곡식을 내놓으라고 억지를 부립니다. 산도깨비는 김 부자에게 똥벼락을 내리는데, 마을 사람들은 그 똥으로 거름을 만들어 이듬해 풍년이 듭니다.

 본문 맛보기

30년간 머슴 산 대가로 겨우 돌밭 받아

▲똥에 풀과 재를 섞어 만든 똥거름.

(가)김 부자는 돌쇠 아버지를 30년간 머슴으로 부리고, 새경으로 풀 한 포기 자라지 않는 돌밭을 줍니다. 돌쇠 아버지는 손에 피가 나도록 돌을 골라내고, 죽기살기로 똥을 모았지요. 먼 데 있다가도 똥이 마려우면 집으로 달려오고, 길에 굴러다니는 개똥도 금덩이처럼 귀하게 들고 왔지요.

하루는 돌쇠 아버지가 산 너머 잔칫집에 갔는데, 똥이 마려워서 집으로 달렸습니다. 그런데 산에서 더 이상 참지 못해 나뭇잎을 깔고 똥을 누었습니다. 오줌도 세차게 뻗어 나와 낮잠 자던 산도깨비 얼굴에 쏟아지지요. 산도깨비가 벌떡 일어나자 돌쇠 아버지는 깜짝 놀라 주저앉고, 똥이 뭉개집니다. 돌쇠 아버지는 돌밭에 거름할 귀한 똥이 뭉개졌다며 눈물까지 글썽입니다. 산도깨비는 돌쇠 아버지가 딱해서 돕기로 합니다.

"수리수리 수수리! 김 부자네 똥아, 돌쇠네로 날아라!"

집에 와 보니 거름간에 똥이 수북합니다. 돌쇠 아버지는 똥에 풀과 재를 섞어서 똥거름을 만들어 돌밭에 뿌렸습니다. (1~4, 6~8, 10~13쪽)

> **이런 뜻이에요**
> **머슴** 옛날 농가에서 그 집의 농사일을 해 주고 대가를 받던 남자.
> **새경** 머슴이 주인에게서 한 해 동안 일한 대가로 받는 돈이나 물건.

욕심쟁이 김 부자는 똥벼락 맞고 말아

▲똥거름을 준 밭에서 자라 풍년이 든 고구마.

(나)돌쇠네는 똥거름 덕에 풍년이 들었습니다. 돌쇠 아버지는 고구마를 캐다가 누런 금가락지를 발견하고, 곰곰 생각한 뒤 김 부자네로 달려갔습니다. 가락지를 보자 김 부자는 지난 봄에 손자 놈이 똥독간에 빠뜨린 가락지란 걸 알았습니다. 돌쇠 아버지는 그동안의 일을 다 말했고, 김 부자는 버럭 소리쳤습니다.

"네 놈이 똥 도둑놈이렸다. 저 놈을 매우 쳐라!"

김 부자는 실컷 매를 놓고도 모자라 시키면 속을 드러냈습니다.

"훔쳐 간 똥을 모두 갚든지 그 똥 먹고 자란 곡식을 몽땅 내놔라."

돌쇠 아버지는 막막해서 산도깨비를 찾아갔습니다. 산도깨비는 기가 막혔습니다.

"김 부자 욕심은 끝이 없군. 똥을 백 배로 갚아 주지."

산도깨비가 주문을 외자 온 세상의 똥이 김 부자네로 날아갔습니다. 밤새도록 똥벼락이 친 뒤 커다란 똥 산이 생겼습니다. 온 동네 사람들이 똥 산을 헐어서 똥거름을 가져다 농사를 지었더니 오래오래 풍년이 들었답니다. (16~20, 25, 34쪽)

생각이 쑤욱

1 돌쇠 아버지가 김 부자에게 돌밭을 받고도 항의하지 못한 까닭을 짐작해 보세요.

▲흙에 돌이 많이 섞여 있는 돌밭.

머리에 쓰옥

똥거름을 만드는 방법

거름이란 곡식이 잘 자라게 하기 위해 비료 대신 땅에 뿌리는 영양물질을 말합니다. 똥이나 오줌에 낙엽과 풀, 볏짚 등을 섞은 뒤 썩혀 만들지요.

여름에는 4~5일, 봄과 가을에는 10일쯤 썩힌 뒤 써야 합니다. 충분히 썩지 않으면 거름이 썩으면서 나오는 가스 때문에 오히려 농작물에게 해를 줍니다.

거름을 만드는 데 쓰이는 똥과 오줌은 사람의 것이 가장 좋답니다.

▲타작을 하기 위해 벼를 베어 한 단씩 묶어 세워 놓았다.

2 똥거름을 줘서 키운 고구마가 왜 잘 자랄 수 있을까요?

☞옛날에는 비료가 없어서 똥으로 거름을 만들어 농작물을 키웠어요.

생각이 쑤욱

3 산도깨비가 돌쇠 아버지를 돕기로 마음먹은 까닭을 생각해 보세요.

▲폐지를 가득 담은 손수레가 쓰러지자 학생들이 할머니를 도와 폐지를 줍고 있다.

머리에 쏘옥

욕심이 지나치면

　바다는 메워도 사람의 욕심은 채우지 못한다는 속담이 있어요.

　바다는 흙으로 메울 수 있지만, 재물을 탐내는 사람의 욕심은 끝이 없어 무엇으로도 채울 수 없다는 말입니다.

　지나치게 욕심을 부리다 보면 다른 사람에게 피해를 주게 되고, 결국 나에게도 손해가 돌아옵니다.

4 정직한 돌쇠 아버지는 자신이 도둑으로 몰릴 수도 있었지만, 금가락지를 김 부자에게 돌려줬습니다. 나라면 금가락지를 어떻게 하겠는지, 그 이유도 들어서 말해 보세요.

▲돌쇠 아버지는 밭에서 주운 금가락지를 김 부자에게 돌려준다.

생각이 쑥쑥

5 아래 글에 나오는 최 부잣집의 이야기를 읽고, 최 부잣집이 300년간 부자로 살 수 있었던 까닭을 아는 대로 이야기하세요.

> 최 부잣집에는 300년간 이어진 가훈이 있었습니다. 쌀로 1만 가마가 넘는 재산을 모으지 말 것이며, 흉년에는 남의 논밭을 사들이지 말라는 것이었지요. 또 자기 집주변 100리 (40킬로미터) 안에 굶어서 죽는 사람이 없게 하라고 했습니다. 최 부잣집은 1년에 쌀 3000가마를 수확해 1000가마만 자기가 갖고 나머지는 어려운 이웃에게 나눠 주었습니다.

▲경북 경주시 고동에 있는 최 부잣집.

6 『똥벼락』과 비슷한 이야기를 지어 1분 동안 실감나게 말해 보세요. 자기가 아는 동화 내용을 소개해도 좋아요.

머리에 쏘옥

흥부전

　옛날에 흥부와 놀부 형제가 살았어요. 흥부는 마음이 착했지만, 형 놀부는 제 욕심만 챙겼어요.

　어느 날 흥부의 집 처마에 둥지를 틀고 살던 새끼 제비가 땅에 떨어져 다리를 다쳤어요. 마음씨 착한 흥부는 새끼 제비의 다리를 치료하고 정성껏 보살핍니다.

　가을이 되자 새끼 제비는 강남으로 돌아갔다가 다음해 봄에 돌아와, 흥부에게 박씨를 선물합니다. 흥부가 박씨를 심어 키워서 박을 탔더니, 박에 가득 들었던 금은보화가 쏟아져 부자가 됩니다.

　놀부는 흥부가 부자가 되었다는 소식에, 제비 다리를 일부러 부러뜨린 뒤 치료합니다. 다음해 제비는 놀부에게도 박씨를 선물합니다. 그런데 다 자란 박을 타자 도둑 떼와 도깨비, 똥물이 쏟아져 나와 놀부는 실컷 두들겨 맞고, 재물도 도둑을 맞아 하루아침에 거지가 되고 맙니다.

▲흥부 부부가 박을 타고 있다.

생각이 쑤욱

7 아래 글에서 한 남성은, 돌쇠 아버지를 도운 산도깨비라고 볼 수 있습니다. 내가 산도깨비라면 어떤 사람들을 돕고 싶은지 정하고, 어떻게 도울지도 말해 보세요(200~250자).

해마다 12월 말이면 전북 전주의 한 주민센터에 꽉 찬 돼지저금통과 수천만 원의 현금이 든 상자가 배달된다. 한 남성이 20년 넘게 자신이 누군지 밝히지 않고, 돼지저금통과 쪽지를 몰래 두고 간다. 쪽지에는 소년소녀 가장을 위해 써 달라는 내용이 담겨 있다.

▲주민센터에 배달된 돼지저금통에서는 수천만 원이 나왔다.

자기 환경이 어려워도 열심히 사는 소년소녀 가장들의 힘이 나게 만드는 소식이다.

<신문 기사 참조>

08 국내 문학 — 지금 그대로가 특별하고 멋있어

『엉뚱한 수리점』

차재혁 지음, 노란상상 펴냄, 50쪽

 **줄거리**

저녁이 되어 가게들이 모두 문을 닫을 시간이면 '엉뚱한 수리점'이 문을 엽니다. 어른들은 저마다 이런저런 불평을 늘어놓으며 줄을 섭니다. 하지만 소이의 눈에는 지금 그대로가 특별하고 멋져서 고칠 필요가 없어 보입니다. 방귀 소리가 커서 고민인 아저씨에게는 방귀 소리가 재미있다고 용기를 주고, 김이 자주 서리는 거울을 고치고 싶어 하는 아저씨에게는 거울에 그림을 그릴 수 있어 좋다고 말하지요. 공룡아저씨는 자신의 이름을 어떻게 고치면 좋을지 소이에게 묻는데, 소이의 대답에 용기를 얻습니다.

본문 맛보기

어른들은 무엇이든 고치려고만 들어

▲소이는 엉뚱한 수리점에 줄을 선 손님들의 이야기에 호기심을 갖는다.

(가)살랑살랑 시원한 산들바람이 나무 사이로 불어오자, 심심했던 아이들이 광장 분수대로 나와 숨바꼭질을 하기 시작했어요. 오늘도 소이는 빗자루를 타고 친구들과 날이 어두워지도록 깔깔거리면서 놀았지요. 그렇게 시간이 지나 깜깜한 저녁이 되자, 엉뚱한 수리점 창문에 불이 켜졌어요. 그리고 저마다 고치고 싶은 사연을 가진 어른들이 줄을 서기 시작했어요. 그때 어디선가 큰 소리로 방귀 소리가 들렸어요.

"내 방귀 소리가 커서 놀랐지? 미안하구나. 이번에는 꼭 고쳐 가야겠다."

그런데 소이는 친구들이 그 방귀 소리를 들었다면 다 좋아할 거라며 대단한 방귀라고 용기를 줘요. 소이는 옷장을 가져온 아저씨에게 왜 왔느냐고 물었어요.

"안에 넣은 물건을 도무지 찾을 수가 없어서, 한 번 넣으면 절대로 못 찾아."

하지만 숨바꼭질을 좋아하는 소이는 이 옷장에 숨으면 딱 좋겠다고 말해요. 소이는 강아지풀로 덮인 화분을 가져온 아주머니에게 왜 왔냐고 물었어요. 그러자 아주머니는 화분에서 쓸모없는 강아지풀이 자꾸 자라서 뽑는 게 힘들대요. 그러자 소이가 대꾸했어요.

"강아지풀로 간지럼 태우면 엄청 재미있잖아요!" (1~5, 8~15쪽)

본문 맛보기

소이의 눈에는 모두 고칠 필요가 없어

(나) "난 물웅덩이가 자꾸 튀어서 옷에 얼룩이 생기거든. 그래서 고치러 왔단다."

그러자 소이는 물웅덩이를 가만 들여다보며 말해요.

"물웅덩이를 발로 차면서 놀면 신나지 않을까요?"

▲소이는 김이 서리는 거울에 그림을 그리면 재밌다고 한다.

그때 머리 위로 유령이 휙 지나가는 게 보였어요.

"난 이 유령 때문에 잠을 한숨도 못 잤어. 다시는 침대 밑으로 들어가지 못하게 할 거야!"

그러자 소이는 유령이 친구라며 함께 놀면 재미있다고 말해요. 거울을 가져온 아저씨는 거울에 김이 자꾸 서리는 바람에 귀찮아서 고치러 왔대요. 그러자 소이가 물어요.

"아저씨, 여기에 그림 그려도 돼요? 그럼 재미있을 것 같은데요."

옆에서 보던 공룡아저씨가 소이에게 말을 걸어요.

"꼬마야! 내 이름은 박공룡이야. 어떻게 바꾸면 좋을까?"

소이는 골똘히 생각하다가 박공룡이란 이름이 전혀 이상하지 않고 멋져서 고칠 필요가 없다고 말해요. 이제 소이의 차례가 왔어요. 소이는 빗자루를 타고 새처럼 날 수 있게 고쳐 달라고 말해요. 주인아저씨는 그러지 말고, 청소할 때 쓰는 빗자루로 튼튼하게 고쳐 준다고 말해요. 깜짝 놀란 소이는 도망치듯 집으로 돌아와 창문 밖 수리점을 보면서 생각해요.

'왜 재미있는 걸 재미없게 만들려고 하는 걸까?' (17, 19~23, 27~33쪽)

생각이 쑤욱

1 거울과 침대, 화분을 고치려는 손님들과 고치지 말라는 소이의 생각이 각각 어떻게 다른가요?

	손님들	소이
김이 잘 서리는 거울		
유령이 나오는 침대		
강아지풀이 계속 자라는 화분		

2 구멍 난 양말을 가져온 손님에게 소이처럼 꿰매지 말라고 말하면서 새로운 쓰임새를 소개해 보세요.

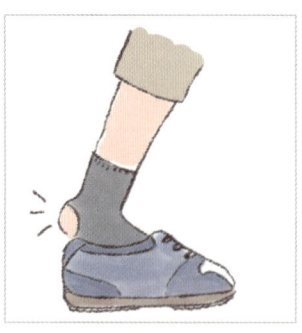

▲낡아서 구멍이 난 양말.

머리에 쏘옥

있는 그대로 사랑해 보세요

물건은 저마다 쓰임새가 있어요. 쓸모가 없어 보여도 여러 번 생각하면 새로운 쓰임새나 가치를 찾을 수 있지요.

무조건 고치려고만 하면 똑같아지고 재미없는 물건들만 있을 것입니다.

사람들이 생각하는 기준으로만 고치려 하지 말고, 있는 그대로 새로운 쓰임새나 가치를 찾아보세요.

구멍 난 양말 활용법

구멍 난 양말을 기워 신어도 좋지만, 다르게 사용할 수도 있어요.

구멍 난 양말을 손에 끼고 창틀을 닦으면 먼지를 깨끗이 없앨 수 있어요. 적셔서 옷걸이에 끼워 책꽂이나 침대 밑 등의 좁은 틈에 넣으면 손에 닿지 않는 먼지를 청소할 수 있지요. 양말 안에 솜을 채워 세상에 하나뿐인 나만의 인형을 만들 수도 있습니다.

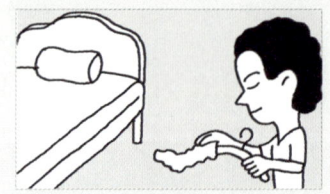

▲구멍 난 양말을 옷걸이에 끼우면 침대 밑 먼지를 청소할 수 있다.

생각이 쑤욱

3 자기 이름에 불만이 큰 공룡아저씨처럼 행운이도 자기 얼굴에 불만이 큽니다. 그래서 얼굴을 고치면 친구들이 많아질 거라고 믿는데 소이라면 행운이에게 어떤 말을 했을까요?

눈이 좀 더 커지고 코가 높아지면 친구가 더 많아지지 않을까?

4 아래 주어진 상황에서 행복이가 기분이 상한 까닭을 생각해 보고, 다시 햄스터에 만족해 기쁜 마음을 갖도록 이야기해 보세요.

▲행복이가 받은 햄스터(왼쪽 사진)와 친구가 받은 강아지.

행복이는 엄마에게 생일 선물로 원하던 햄스터를 받아서 기뻤어요. 그런데 같은 반 친구가 생일 선물로 비싼 강아지를 받았다고 자랑해서 기분이 엉망이 되었어요.

머리에 쏘옥

자신감 가져야 친구 관계도 좋아져

나는 세상에 하나뿐인 소중한 사람입니다. 그러니 겉모습이나 성격에 만족하고, 자신감을 가져야 합니다.

사람은 저마다 모습이나 성격도 다르고, 잘하는 일도 다릅니다. 그러니 자기를 있는 그대로 인정하면, 자신감이 생겨 다른 사람의 말에 쉽게 상처를 받지 않습니다. 그리고 다른 사람도 소중하게 대할 수 있기 때문에 친구들과 더 사이좋게 지낼 수 있습니다.

비교할수록 불행해져

비교하면 어떤 사람도 불행하게 된다고 합니다. 돈이 많아도 그보다 더 많은 사람이 있고, 세계에서 가장 부자여도 더 가지고 싶어 하니까요.

그래서 모든 불행은 비교에서 시작된다고 합니다. 행복해지려면 무조건 남과 비교하지 말고, 주어진 환경에 감사해야 합니다.

▲아무리 예뻐도 남과 비교하면 불행해진다.

생각이 쑤욱

5 친구들을 무조건 따라 했다가 후회했던 경험이 있으면, 앞으로 어떻게 고칠지 다짐해 보세요.

☞ 나는 활동적이어서 바지를 좋아하는데, 친구가 원피스를 입은 모습이 예쁘게 보여 엄마를 졸라 사 입었어요. 그런데 놀이터에서 철봉도 못하고 축구도 못해 재미가 없었어요.

남을 따라 했다가 후회한 일	앞으로의 다짐

6 '감사 일기'를 쓰면 다른 사람이나 물건과 비교하지 않고, 있는 그대로 만족하는 데 도움이 됩니다. 오늘을 되돌아보고, 감사했던 일을 찾아 감사 일기를 써요.

머리에 쏘옥

이슬 먹은 당나귀

당나귀가 나무 그늘 아래서 쉬고 있는데, 매미의 노랫소리가 무척 아름답게 들렸어요. 당나귀는 매미에게 뭘 먹어야 그렇게 아름다운 노래를 부를 수 있느냐고 물었어요. 매미는 이슬을 먹는다고 대답했어요. 당나귀는 결국 며칠 동안 이슬만 먹다가 굶어 죽고 말았답니다.

이솝우화에 나오는 이야기입니다. 자기가 가진 것에 만족하지 못한 채 남이 가진 것만 부러워하면 불행을 당한다는 교훈이 담겨 있습니다.

▲당나귀

감사 일기

잠들기 전에 하루를 돌아보면서 감사했던 일을 찾아 적어 보세요.

감사 일기를 쓰면 우울하거나 나쁜 생각이 사라집니다. 그리고 조그만 일도 소중하게 여기는 마음이 저절로 생깁니다.

현재의 행복에 만족할 수 있기 때문에 긍정적인 마음도 생기지요. 그럼 주변 사람들에게 감사하는 마음이 우러나와 관계도 좋아지고, 공부도 잘된답니다.

7 아래 글에서 지수가 왜 불행해졌는지 말하고, 어떻게 해야 행복해질 수 있는지 알려 주세요(200~250자).

지수는 자기 마음에 드는 친구들과는 잘 어울립니다. 하지만 마음에 들지 않는 친구에게는 나쁜 점을 지적하면서 고치라고 쏘아붙입니다. 사투리를 쓰는 친구에게는 사투리를 고치라 하고, 행동이 느린 친구에게는 답답하다며 구박하지요. 지수는 친구들이 하나둘씩 점점 멀어지자 불행하다며 고민에 빠졌습니다.

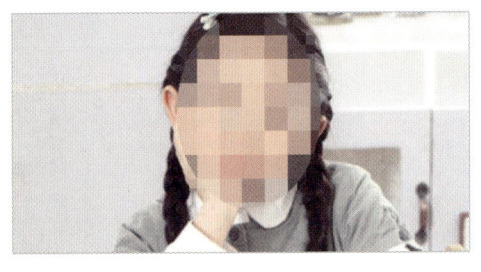

▲친구들이 점점 멀어지면서 불행에 빠진 지수.

<신문 기사 참조>

09 국내 문학
나와 생각이 다른 의견도 귀담아 들어야 해

『무조건 내 말이 맞아!』
임근희 지음, 좋은책어린이 펴냄, 64쪽

 **줄거리**

　동기네 반에서는 일주일에 한 번씩 독서 토론을 합니다. 책 한 권을 정해 함께 읽고, 자기 생각을 이야기하지요. 동기는 무조건 자기 의견만 옳다고 생각해, 다른 친구의 말에는 귀를 기울이지 않습니다. 찬모의 의견을 듣고서는 잘못이라고 나무라기까지 하지요. 그러나 작가와 만남의 시간을 가진 뒤 누구의 의견이 맞고 틀리는지가 중요한 게 아니라는 사실을 압니다. 이제는 찬모의 의견이 자기 의견과 달라도 고개를 끄덕이면서 귀담아 듣습니다.

본문 맛보기

동기는 찬모가 반대 의견 밝히자 기분 나빠

▲당나귀가 등에 솜을 싣고 물에 빠지는 바람에, 짐이 더 무거워져서 힘들어 하고 있다.

(가) "소금장수는 정말 똑똑하다. 당나귀가 꾀부리는 걸 알고, 소금 대신 솜을 실어 나쁜 버릇을 고치게 했잖아."

'당나귀와 소금장수'를 읽고, 동기가 발표했어요.

그러자 찬모가 "처음 당나귀가 물에 빠진 건 발이 미끄러져서야. 미리 짐을 줄여 줬다면 당나귀가 일부러 물에 빠지지는 않았을 텐데. 당나귀의 마음도 헤아리는 너그러운 주인이 되면 좋겠어."라고 말했어요.

동기가 찬모에게 당나귀가 잘했다는 거냐고 따지자 찬모가 말했어요.

"당나귀도 잘못했지만, 소금장수는 자기 이익만 생각했어. 당나귀도 존중 받을 권리가 있잖아."

동기는 찬모가 끝까지 맞서자 약이 올랐어요.

"존중 받을 권리? 네가 당나귀 변호사라도 되냐?"

선생님이 나섰어요.

"강동기! 생각이 다르다고 친구에게 비꼬듯 말하는 건 옳지 않아요." (15~18, 20쪽)

이런 뜻이에요

당나귀와 소금장수 당나귀가 꾀를 부리다가 소금장수에게 벌을 받게 된다는 이야기. 당나귀는 우연히 물에 빠져 소금 짐이 가벼워지자 다음에 주인이 솜을 실었는데도 일부러 물에 빠진다.

본문 맛보기

자기 생각과 다른 의견도 귀담아 듣기로 해

(나)동기와 찬모는 어린이신문에 실리는 '마법의 초콜릿'을 놓고 의견이 또 달랐어요. 작가와의 만남 시간에 동기는 누구의 말이 맞느냐고 물었어요.

"누가 맞고 틀리고는 없어요. 친구랑 같은 작품을 읽고, 의견을 나누는 일이 의미가 있지요."

작가의 대답이 동기의 마음을 뒤숭숭하게 만들었어요.

▲비가 내리자 아들 청개구리가 엄마의 무덤이 떠내려갈까 봐 걱정하고 있다.

이번 독서 토론 시간에는 '청개구리'를 읽은 뒤 돌아가신 엄마를 강가에 묻은 행동이 옳은지 발표했어요. 동기를 포함해 대다수가 옳지 않다고 했어요. 그러자 찬모가 말했어요.

"비가 오면 쉽게 떠내려 갈 수 있는 강가에 엄마를 묻은 건 어리석지만, 청개구리는 엄마의 말에 반대로만 했던 잘못을 진심으로 반성하고…."

이제 동기는 찬모의 발표를 누구보다 집중해 들었어요. 자기와 반대 의견인데도 고개까지 끄덕이면서 들었지요. (43~46, 50~53, 60~61쪽)

이런 뜻이에요

청개구리 엄마의 말에 무조건 반대로만 행동하는 청개구리 이야기. 엄마는 돌아가시면서 청개구리에게 강가에 묻어 달라고 했다. 그래야 청개구리가 산에 묻을 것이라고 생각했기 때문이다.

생각이 쑤욱

1 동기와 찬모가 '당나귀와 소금장수'를 읽고 토론할 때, 의견이 어떻게 달랐나요?

동기의 의견	찬모의 의견

머리에 쏘옥

사회자의 역할

토론을 이끄는 사회자는 토론하려는 내용을 소개하고, 토론이 매끄럽게 진행되도록 돕는 일을 합니다.

토론자가 내용에 맞는 이야기를 하는지 잘 들으면서, 내용에서 벗어난 말을 하지 않도록 살펴야 합니다.

토론을 하는 사람들에게는 말할 기회를 골고루 주고, 예의에 벗어난 말과 행동을 하면 나서서 주의도 주어야 합니다.

예를 들어 내용에서 벗어난 엉뚱한 의견을 말하거나 다른 사람이 말하는데 갑자기 끼어들 때입니다.

다른 사람의 의견을 무시하고 자기 의견만 고집할 때도 주의를 주어야 합니다.

2 (가)의 밑줄 친 부분처럼 학생들이 토론하면서 어떤 말과 행동을 할 때, 선생님이 나서게 될지 두 가지를 예로 들어보세요.

▲사회자는 토론이 중단되지 않고 잘 진행되도록 돕는 일을 한다.

생각이 쑥쑥

3 동기처럼 자기 의견만 옳다고 우기며 상대를 무시하는 말을 하는 친구가 많으면, 다음 독서 토론 시간에는 어떤 일이 벌어질까요?

▲토론을 하다가 서로 의견이 달라서 다투고 있다.

머리에 쏘옥

독서 토론을 자주 하면 좋아지는 점

  토론을 자주 하면 다른 사람과 대화하고 의견을 나누는 능력을 키울 수 있습니다.

  사람은 저마다 다른 환경에서 살기 때문에 경험도 다릅니다. 그러니 자기와 생각이 다를 수 있지요. 토론을 하면서 생각이 다른 사람들과 대화를 나누는 경험이 쌓이면 다른 사람들을 존중하면서 다투지 않고 지낼 수 있습니다.

  토론을 하면 문제 해결 능력도 길러집니다. 민주주의 사회에서 여럿이 어울려 살다 보면 문제가 생기기도 하는데, 그럴 때 토론을 하면 혼자서는 생각하지 못한 해결 방법을 찾을 수 있답니다.

  토론을 자주 하면 공감 능력과 상대의 입장을 배려하는 마음도 기를 수 있습니다. 차례를 지키는 습관도 들일 수 있지요.

4 동기네 반처럼 우리 반도 매주 질서를 지켜 독서 토론을 하면 어떤 점이 좋아질까요?

▲토론을 자주 하면 조리 있게 말하는 능력이 길러지고, 차례를 지키는 습관도 들게 된다.

생각이 쑤욱

5 동기네 반의 독서 토론 시간에 필요한 규칙을 다섯 가지만 정해 보세요.

독서 토론 규칙
1. 다른 사람이 말하고 있을 때는 끼어들지 않는다.
2.
3.
4.
5.

6 학교나 집에서 한 사람의 의견을 따랐을 때와 여럿이 의견을 모아 결정했을 때, 어떤 점이 좋았는지 예를 들어 말해 보세요.

의견을 나눈 경험	좋았던 점

머리에 쏙

토론할 때 지켜야 하는 규칙

토론할 때는 지킬 규칙을 미리 정해야 합니다. 그러지 않으면 서로 다툼이 생겨 토론이 중간에 끊길 수 있습니다.

그리고 정해진 규칙은 모두 충분히 알고 시작해야 약속한 시간 안에 끝낼 수 있습니다.

말할 순서를 미리 정하거나, 자신의 차례가 왔을 때 얼마 동안 말할지 약속해 두면 시간을 아낄 수 있고, 공평하게 진행할 수 있습니다.

규칙은 '다른 사람이 말하는데 끼어들면 말할 기회를 한 번 건너뛴다.'처럼 구체적으로 정해야 나중에 다툼이 생기지 않습니다.

다른 사람이 말할 때는 그 사람의 눈을 바라보면서 서로 존중하는 모습을 보여야 합니다.

▲말할 기회를 얻으려고 손을 들어 표시하는 모습.

7 아래 글을 참고해서, 우리 반의 문제는 반 친구들이 모두 참여하는 학급 회의를 열어서 결정해야 하는 까닭을 이야기해 보세요(200~250자).

> 행복한 학교를 만들려면 선생님이나 반장이 혼자서 결정할 일이 아니라 학급 회의에서 결정해야 한다. 학급 회의를 하면 학생들이 저마다 자기 의견을 낼 수 있어서, 여러 의견을 들을 수 있다. 다른 사람의 의견을 듣고 입장을 헤아려서 결정해야 많은 사람이 만족할 만한 결정을 내릴 수 있다. 그래야 학생 모두 참여해 적극 실천할 수도 있다.

▲학교 축제를 열기 위해 학생들이 회의를 하고 있다.

<신문 기사 참조>

10 세계 문학 — 소문을 그대로 믿고 옮기면 안 돼요

『그 소문 들었어?』

하야시 기린 지음, 천개의바람 펴냄, 64쪽

 **줄거리**

동물나라의 왕이 백성에게 다음 왕을 정하라는 알림글을 띄웠습니다. 금색 사자는 자신이 왕이 되어야 한다고 생각했습니다. 하지만 동물들은 마음씨 곱고 힘이 센 은색 사자가 왕이 되어야 한다고 입을 모았습니다. 금색 사자는 은색 사자에 대해 나쁜 소문을 퍼뜨립니다. 동물들이 처음엔 거짓 소문을 믿지 않았지만, 시간이 흐를수록 믿게 됩니다. 결국 금색 사자가 왕이 되고, 나라는 어려움에 빠집니다.

본문 맛보기

마음씨 고운 은색 사자가 왕이 될까 봐 조바심

▲금색 사자가 은색 사자를 살펴보려고 마을 변두리까지 나가고 있다.

(가)동물나라의 왕은 죽을 날이 머지않았음을 느꼈습니다. 그래서 백성들끼리 다음 왕을 정하라는 알림문을 띄웠죠. 금색 사자는 생각했습니다.

"나야말로 왕이 될 자격이 있지."

하지만 마을 광장에서는 다른 사자가 왕 후보에 올랐습니다.

"마을 변두리에 마음씨 고운 사자가 살고 있대."

"착할 뿐 아니라 힘도 굉장히 센 모양이야."

"나도 그 사자 얘기를 들은 적이 있어."

"그 사자야말로 왕에 어울려."

금색 사자는 소문을 확인하려고 마을 변두리까지 나갔습니다. 금색 사자가 숨어 살펴보니, 은색 사자는 올빼미 아주머니의 집을 수리하고 있었습니다. 아픈 친구에게 먹을 것을 가져다주는가 하면, 어르신들의 어깨를 주물러 주고, 나무 밑에 떨어진 작은 새를 둥지에 올려다 주었습니다. 금색 사자는 초조해졌습니다. (10~14, 16~20쪽)

본문 맛보기

거짓 소문 퍼뜨려 왕이 되자 나라는 황폐해져

▲은색 사자가 절벽에서 떨어질 뻔한 곰을 구한 뒤 함께 쉬고 있다.

(나)금색 사자는 마을 광장에서 야단을 떨며 말했습니다.

"아야, 아파 죽겠네. 은색 사자가 어깨에 살짝 부딪혔다고 갑자기 때리지 뭐야."

사실은 실수로 나무에 얼굴을 부딪친 것이었습니다.

"은색 사자가 곰이랑 싸우는 걸 봤다는 얘기도 들었어."

사실은 은색 사자가 절벽에서 골짜기로 떨어질 뻔한 곰을 구해 주었답니다. 다음 날도, 그 다음 날도 금색 사자는 나쁜 소문을 퍼뜨리고 다녔습니다. 처음에는 아무도 믿으려 하지 않았습니다. 하지만 모두 같은 이야기를 안다는 사실만으로 동물들이 하나둘씩 은색 사자를 의심하기 시작했습니다. 아니 땐 굴뚝에 연기가 나지 않는다며, 마을 광장엔 은색 사자의 나쁜 소문이 퍼졌습니다. 금색 사자는 왕이 되었고, 나라를 자기 맘대로 다스렸습니다. 나라는 순식간에 황폐해지고 말았습니다. (22~28, 34, 45~48쪽)

생각이 쑤욱

1 거짓 소문을 어떻게 생각하는지 '거짓 소문은 ~이다.'로 말한 뒤 그 이유도 대 보세요.

2 금색 사자의 행동을 예로 들어 거짓 소문이 생기는 까닭을 세 가지만 들어보세요.

▲거짓 소문을 퍼뜨려 왕이 된 금색 사자.

머리에 쏘옥

소문을 내는 까닭

▲자신이 들은 소문을 여기저기 옮기고 있다.

소문이란 사실인지 거짓인지 상관없이 사람들 사이에 퍼져 있는 이야기입니다. 입으로 전해지거나 인터넷을 통해 퍼지기도 하지요.

소문은 퍼질수록 내용이 부풀려지고, 없던 이야기가 사실처럼 덧붙기도 합니다. 다른 사람을 곤경에 빠뜨리거나, 거짓 소문을 내는 사람이 이익을 얻으려고 처음부터 거짓 내용으로 꾸미기도하지요. 아무 이유도 없이 장난으로 소문을 만들기도 한답니다.

생각이 쑥

3 동물들은 왜 하나둘씩 은색 사자를 의심하기 시작했을까요?

▲동물들이 은색 사자에 대한 가짜 소문을 듣고 이야기를 나누고 있다.

4 금색 사자를 왕으로 뽑아 동물나라를 황폐하게 만든 것은 누구의 책임이 클까요?

머리에 쏘옥

누가 더 잘못했을까

금색 사자는 왕이 되려고 거짓 소문을 퍼뜨렸습니다. 자신의 이익을 위해 거짓 소문을 퍼뜨리면 소문에 오른 사람과 소문을 믿는 사람들이 피해를 보게 됩니다. 금색 사자가 은색 사자의 착한 행동을 본받고, 정정당당하게 왕위를 겨뤘다면 동물나라가 망하는 일은 없었겠지요.

동물들은 가짜 소문이 자꾸 돌자 확인하지도 않고 덜컥 믿었습니다. 곰과 은색 사자가 싸웠다는 소문을 들었을 때, 곰을 찾아가 물어 봤다면 진실이 금세 밝혀졌겠지요. 그러면 가짜 소문에 속아 욕심쟁이인 금색 사자가 왕이 되는 일은 없었을 것입니다.

▲곰이 은색 사자 덕분에 살았다며, 은색 사자를 칭찬하고 있다.

생각이 쑤욱

5 거짓 소문에 속았을 경우 어떤 피해가 일어났는지 내 경험을 말하고, 거짓 소문에 속지 않으려면 어떤 노력이 필요한지도 이야기해 보세요.

머리에 쏘옥

거짓 소문에 속지 않으려면 확인해야

▲책을 읽으면 지식이 쌓여 거짓 소문에 속지 않는다.

동물들은 어리석게도 금색 사자가 퍼뜨린 소문을 의심하거나 확인하지도 않고 그대로 믿었습니다.

누군가 은색 사자에 대한 거짓 소문을 확인했다면 마음씨 나쁜 금색 사자가 왕이 되어 나라를 망치는 일은 없었을 것입니다.

거짓 소문에 속지 않으려면 사실인지 아닌지 꼭 의심하고, 직접 확인하는 노력이 필요합니다. 어른들에게 여쭈어봐도 됩니다. 또 책을 많이 읽어서 지식이 쌓이면 소문을 들었을 때 거짓인지 아닌지 구분할 수 있지요.

6 거짓 소문을 몰아내자는 주제로 포스터를 꾸며요.

☞ '거짓 소문은 만들지도 말고 전하지도 말자!', '거짓 소문은 말로 때리는 폭력!' 등 소문에 대한 내 생각을 한 줄로 표현해 꾸미세요.

▲거짓 소문은 말로 때리는 폭력이다.

생각이 쑤욱

7 아래 글을 읽은 뒤 소문을 그대로 믿고 옮긴 주환이와 그 소문을 그대로 믿은 반 친구들의 잘못을 깨우쳐 주세요(200~250자).

> 주환이네 반은 열흘 뒤 열릴 피구 시합에 나가려고 틈만 나면 연습했다. 그런데 옆 반에 새로 전학 온 민철이가 피구왕이라는 소문을 주환이가 듣고, 반 친구들에게 그대로 전했다. 반 친구들은 소문을 그대로 믿고 아무리 잘해도 질 거라며 연습을 포기했다. 그런데 민철이는 시합이 시작되자마자 가장 먼저 공에 맞았다. 주환이네 반 친구들은 그제야 가짜 소문을 믿고 연습을 하지 않은 것을 후회했다.

▲피구 시합을 하는 학생들.

<신문 기사 참조>

11 세계 문학
시각장애인 소녀와 도우미견의 우정

『롤라와 나』

키아라 발렌티나 세그레 지음, 씨드북 펴냄, 36쪽

 줄거리

　롤라는 앞을 볼 수 없는 시각장애인 소녀입니다. 5년 전 교통 사고를 당해 시력을 잃었어요. 롤라는 시각장애인 도우미견 학교에 갑니다. 롤라의 눈을 대신해 길을 안내해 줄 도우미견을 찾기 위해서지요. 그리고 이 책의 주인공인 도우미견 스텔라를 만납니다. 둘은 거리를 산책하고, 바다와 산으로 여행을 떠납니다. 좋아하는 음악과 간식이 달라 서로 다투기도 합니다. 하지만 롤라와 스텔라는 둘도 없는 친구가 되지요. 롤라는 앞을 볼 수는 없지만, 지금이 가장 행복하다고 말합니다. 롤라와 스텔라가 나누는 우정이 아름답습니다.

본문 맛보기

나는 롤라의 도우미견이자 가장 친한 친구

▲롤라와 나는 한집에 살게 되었는데, 취미나 좋아하는 음식이 달라 이따금 다투기도 한다.

(가)롤라는 나와 가장 친한 친구예요. 우리는 공원이 보이는 예쁜 집에 같이 살아요. 거실 밖으로 커다란 밤나무가 우거져 있는데, 나무 꼭대기가 손에 닿을 듯 가까워요.

그래서 가을엔 거실 밖에서 햇볕을 쪼일 때 늘 조심해야 해요.

그렇다고 롤라를 마냥 집에만 있게 할 수 있나요. 날마다 조금씩 더 멀리 나가는 연습을 시켰어요. 첫날엔 가까운 사거리까지, 그 다음 날엔 공원 입구까지, 그 다음 날엔 빵집까지, 그렇게 한 걸음씩 내디디면서 조금씩 두려움을 이겨 냈어요.

한집에 사는 게 쉬운 일은 아니더라고요. 다른 집들도 그렇다고는 하던데, 아무튼 우리도 싸울 때가 있어요. 난 클래식 음악이 좋은데 로라는 시끄러운 밴드 음악만 들으려고 해요. 그 고집을 누가 당하겠어요. 내가 져 주는 수밖에요.

식성은 또 어떻고요! 롤라는 생선을 어찌나 좋아하는지 몰라요. 그래요, 생선이 맛도 좋고 몸에도 좋다는 거 나도 알아요. 그래도 육즙이 배어나는 두툼한 스테이크에 비하겠어요? (4~14쪽)

본문 맛보기

롤라는 내가 곁에 있어 행복하다고 말해

(나)롤라와 나는 통하는 것도 많아요. 우리 둘 다 옷가게에 가는 걸 무지 좋아하거든요. 세상엔 어쩌면 그렇게 많은 종류의 옷이 있는 거죠?

우린 화창한 날에 공원에 가는 것도 좋아해요. 우거진 나무들도 좋고, 공을 차는 아이들이 꺄악꺄악 내지르는 소리도 듣기 좋아요. 그리고 무엇보다도 지지 아저씨네 매점에 가는 게 제일 좋아요.

▲롤라는 내가 함께 있어 줘서 행복한 나날을 보낸다고 말했다.

피자는 역시 토요일 밤에 텔레비전 영화를 보면서 먹어야 제맛이에요. 난 살라미 소시지 피자를, 롤라는 채소가 듬뿍 올라간 피자를 좋아해요. 우리는 다행히도 좋아하는 영화가 비슷해서 싸울 일은 없어요. 둘 다 첩보 영화도 좋아하고, 아마존 밀림을 탐험하는 영화도 좋아해요.

집으로 돌아가는 기차를 기다리는 동안 롤라가 말했어요. 지금껏 이렇게 아름다운 날을 보낸 적은 없었다고요. 짭조름한 바다 내음, 얼굴을 어루만지는 산들바람, 살갗을 간질이는 따가운 햇살, 그런 것 때문이 아니었대요. 내가 같이 있어 줬기 때문이래요. (15~22쪽)

생각이 쑥

1 롤라와 스텔라의 자기 소개서를 쓰려고 해요. 여러분이 자기 소개서를 대신 써 주세요.

롤라의 자기 소개서	스텔라의 자기 소개서
① 좋아하는 음악 – 시끄러운 밴드 음악	① 좋아하는 음악 – 클래식
② 좋아하는 음식 –	② 좋아하는 음식 –
③ 좋아하는 일 – – –	③ 좋아하는 일 – – –
④ 좋아하는 영화 –	④ 좋아하는 영화 –

2 스텔라가 롤라를 위해 하는 일을 세 가지만 대세요.
☞ 롤라가 집에서 외출할 수 있도록 돕는다.

머리에 쏙

시각장애인 도우미견

시각장애인 도우미견은 앞을 볼 수 없는 사람이 안전하게 걸을 수 있도록 돕습니다.

도우미견은 시각장애인을 잘 도울 수 있도록 특별한 훈련을 받습니다.

시각장애인 도우미견을 만났을 때 주의할 점이 있습니다. 귀엽다고 쓰다듬거나 음식물을 주어서는 안 됩니다. 또 도우미견을 불러서 주의를 끌어서도 안 됩니다.

이렇게 하면 도우미견의 집중력이 흐트러져 시각장애인을 위험에 빠뜨릴 수 있답니다.

우리나라에서 도우미견이 필요한 시각장애인은 많은데, 도우미견은 무척 부족하다고 합니다.

▲시각장애인 도우미견

생각이 쑤욱

3 스텔라는 앞을 볼 수 없지만 아름다운 날을 보낸다고 했는데, 그 까닭은 무엇일까요?

4 스텔라처럼 여러분이 어려움을 당한 친구를 위해 해 줄 수 있는 일을 세 가지만 대세요.

머리에 쏘옥

우정

친구 사이의 정을 우정이라고 합니다.

우정은 서로를 배려하고 이해할 때 더욱 두터워집니다. 하지만 친한 사이가 되면 말과 행동을 마음대로 해서 친구를 불편하게 만들기도 합니다.

그래서 우정을 지키는 것이 어렵다고들 하는 것이랍니다.

친한 친구가 있으면 우울하거나 슬픈 감정이 덜 생긴다고 합니다. 또 이러한 나쁜 감정이 생겼을 때 쉽게 이겨 낼 수 있다고도 하네요.

▲백혈병에 걸린 친구를 위해 머리를 깎은 초등학생.

5 아래 우정에 관한 속담을 읽고, 우정을 주제로 속담을 한 가지만 만들어 보세요.

- 우정을 지키기 위해서는 두 사람 사이에 벽을 만들면 안 된다. (영국 속담)
- 우정은 이해심을 담은 사랑이다. (독일 속담)
- 진짜 우정은 추운 겨울에도 얼지 않는다. (독일 속담)

(내가 지은 속담)

6 우정을 나누고 싶은 친구에게 선물할 티셔츠를 만들어 봐요. 내 마음을 티셔츠에 자유롭게 표현하세요.

생각이 쑤욱

7 다음 글을 읽고, 시각장애인 도우미견에 대한 사람들의 생각이 바뀔 수 있도록 포스터를 만드세요. 아래 도우미견 사진을 이용해도 좋아요.

시각장애인인 행복이는 도우미견과 함께 버스를 타려고 했다. 그런데 버스 기사는 개와 함께 버스에 탈 수 없다며 내쫓았다. 기사는 결국 벌금을 내게 되었다. 시각장애인 도우미견은 식당이나 버스, 지하철, 도서관 등 어느 곳에든 갈 수 있게 법으로 정해져 있다. 훈련이 잘된 도우미견은 공공 장소에서 다른 사람들을 불편하게 하지 않는다. 또 앞을 볼 수 없는 시각장애인을 안내해야 하는 중요한 일을 한다.

▲도우미견은 시각장애인의 눈과 같은 일을 한다.

<신문 기사 참조>

<포스터 만드는 방법>

- 자기 생각을 간단한 그림과 문장으로 표현하세요.
- 누구나 포스터를 보고 내용을 이해할 수 있어야 해요.

12 세계 문학
나눔의 기쁨을 알아요

『행복한 왕자』

오스카 와일드 지음, 어린이작가정신 펴냄, 48쪽

 **줄거리**

　도시를 한눈에 내려다볼 수 있는 높은 기둥에 행복한 왕자의 동상이 서 있습니다. 행복한 왕자는 어렵게 사는 사람들의 모습을 내려다보면서 안타까워합니다. 그러던 중 행복한 왕자는 우연히 만난 제비의 도움으로 자기가 가진 루비며 에메랄드를 어려운 사람들에게 나눠줍니다. 행복한 왕자는 자기가 가진 소중한 것을 모두 나눠 준 뒤 용광로에서 녹게 됩니다. 그리고 제비는 얼어 죽고 맙니다. 그러나 하느님의 명령으로 행복한 왕자의 심장과 제비는 하늘로 올라갑니다.

본문 맛보기

행복한 왕자와 제비가 만나다

▲행복한 왕자의 동상은 높은 곳에 있어서 도시에서 일어나는 온갖 비참한 일을 모두 볼 수 있었다.

(가)도시를 한눈에 내려다볼 수 있는 높은 기둥 꼭대기에 순금으로 덮인 행복한 왕자의 동상이 서 있었어요. 왕자의 두 눈은 반짝이는 사파이어로 되어 있고, 칼자루에는 큼지막한 루비 하나가 박혀 빛나고 있었어요.

"어디서 쉴까? 시내에 머물 만한 곳이 있으면 좋겠는데." 제비가 말했어요.

그때 높은 기둥 위에 있는 동상을 발견했어요. "저기가 좋겠어. 자리도 좋고, 공기도 맑고 말이야." 그래서 제비는 행복한 왕자의 두 발 사이에 내려앉았어요.

"당신은 누구세요?" 제비가 물었어요.

"나는 행복한 왕자란다."

"그런데 왜 울고 있나요?" 제비가 물었어요. "당신 눈물에 내가 젖어버렸잖아요."

"내가 살아서 인간의 심장을 갖고 있을 때에는 눈물이 뭔지 몰랐어. 슬픔이 들어올 수 없는 '근심 걱정 없는' 궁전에서 살았으니까. 이곳은 얼마나 높은지 도시에서 일어나는 추하고 비참한 일들이 다 보여. 내 심장이 납덩어리라도 소용없지. 저 광경을 보고 있으면 울지 않을 수가 없어." 동상이 말했어요. (3~10쪽)

본문 맛보기

착한 일을 하면 마음이 따뜻해진다

▲제비는 가난한 재단사의 집 아픈 아이들을 위해 행복한 왕자의 칼자루에 박힌 루비를 빼서 가져다준다.

(나) "저 멀리 골목길에 낡은 집 한 채가 있단다. 창문 하나가 열려 있는데 그 창문으로 탁자 옆에 앉은 여인이 보여. 지쳐 보이는 핼쑥한 얼굴에, 손은 온통 바늘에 찔려서 피로 물들어 있어. 그는 재단사야. 방 한쪽 구석 침대에는 어린 아들이 아파서 신음하고 있어. 열이 펄펄 나는 아들은 오렌지가 먹고 싶다고 보채. 하지만 엄마는 강에서 떠온 물밖에는 줄 수가 없어서 아이가 계속 울고 있단다. 제비야, 제비야, 귀여운 제비야. 내 칼자루에 박힌 루비를 빼서 저 여인에게 가져다주지 않겠니? (중략)

"그런데 참 이상해요. 날씨가 추운데도 오히려 따뜻한 느낌이 들거든요." 제비가 고개를 갸우뚱거리며 말했어요.

"그건 네가 착한 일을 했기 때문이야." 왕자가 말했어요.

"아니, 행복한 왕자가 왜 저렇게 됐어? 초라하기 짝이 없잖아!" "게다가 발 밑에는 죽은 새까지 있잖아! 새는 이런 데서 죽으면 안 된다고 포고령을 내려야겠어!"

그래서 행복한 왕자의 동상은 치워졌어요. 사람들은 동상을 용광로에 넣어 녹였고, 시장은 이 녹인 쇠붙이를 어떻게 처리할지 결정하기 위해 회의를 열었어요. (15~30쪽)

생각이 쑥

1 행복한 왕자의 도움을 받은 사람들은 어떻게 달라졌을까요?

도움을 받은 사람	달라진 점
아이가 아프지만 물밖에 줄 수 없는 어머니	아픈 아이를 데리고 병원에 가서 치료할 수 있을 것이다.
팔아야 할 성냥이 모두 물에 젖어 우는 소녀	
춥고 배가 고파 글을 쓸 수 없는 작가	

2 제비는 추운 곳에서 살지 못하는 새입니다. 그런데 제비는 왜 추운 도시에서 마음이 따뜻해지는 느낌이 든다고 말했을까요?

머리에 쏘옥

오스카 와일드

이 동화를 지은 오스카 와일드(1854~1900)는 아일랜드에서 태어났어요. 그는 아름다운 것을 사랑하는 작가로 유명했지요. 그래서 그의 작품은 사랑이나 행복에 관한 이야기가 많습니다.

오스카 와일드가 죽은 뒤 누군가가 그의 묘비에 키스를 했고, 붉은 립스틱 자국을 남겼습니다.

이것을 시작으로 오스카 와일드를 기억하는 많은 사람들이 그의 묘비에 입술 자국을 남겼답니다.

그래서 묘비에는 오스카 와일드를 기억하는 사람들의 입술 자국이 가득하답니다.

▲오스카 와일드(위 사진)와 그의 묘비(아래 사진).

생각이 쑤욱

3 자기의 것을 모두 나눠 준 왕자와 왕자를 도운 제비에게 감사의 메달을 만들어 전달할 거예요. 메달을 디자인하고, 메달의 이름도 붙이세요.

4 납으로 만든 왕자의 심장은 납보다 훨씬 높은 온도에서 녹는 쇠를 녹이는 용광로 안에서도 녹지 않았는데, 왜 그랬을까요?

머리에 쏘옥

왕자의 심장

하느님은 천사에게 도시로 내려가 가장 귀한 것 두 가지를 가져오라고 명령했어요.

천사는 왕자의 납 심장과 죽은 새를 가져갔지요. 하느님은 천사에게 아주 잘 골라왔다고 말했어요.

그리고 왕자의 심장은 하느님의 황금 도시에서 살도록 했답니다.

그래서 다른 사람들을 도운 왕자의 착한 마음은 영원히 남게 되었지요.

마더 테레사 효과

마더 테레사는 1910년 유고슬라비아에서 태어난 수녀입니다.

1997년에 죽을 때까지 가난한 사람이나 고아 등 어려운 사람들을 도왔어요.

그는 남을 도우면 더 큰 행복을 얻을 수 있다고 알렸지요.

실제로 남을 도우면 기쁨이나 만족감을 크게 느끼게 되는데, 이를 '마더 테레사 효과'라고 합니다.

▲테레사 수녀

생각이 쑤욱

5 동화를 쓴 작가는 책의 제목을 왜 '행복한 왕자'로 지었을까요? 여러분이 이 동화의 작가라면 책의 제목을 어떻게 고치고 싶은가요?

➡ 작가가 '행복한 왕자'로 지은 까닭

➡ 내가 고친 제목

6 행복한 왕자처럼 다른 사람에게 도움을 준 일이 있을 거예요. 언제 누구에게 어떤 도움을 주었으며, 그때 어떤 느낌이 들었나요?

도와준 사람	도운 일	느낀 점
동생	한글을 모르는 동생에게 동화책을 읽어 주었다.	재미있어 하는 동생을 보고 기분이 좋았다.
친구		

머리에 쏘옥

남을 돕는 일

다른 사람을 돕는 일은 어렵지 않아요. 가족이나 친구 등 가까운 사람들을 위해 해 줄 수 있는 것부터 찾으세요.

아픈 친구를 위해 할 수 있는 일, 나보다 키가 작은 동생을 위해 해 줄 수 있는 일도 있을 거예요. 바쁜 부모님을 도와드릴 수도 있지요.

멀리 다른 나라에 어렵게 살며 고통을 당하는 어린이도 도울 수 있답니다. 저금통에 용돈을 모아 먹을 것이 부족한 어린이들을 도우라고 유니세프 등에 기부할 수 있어요. 책과 연필 등이 없어서 공부하기 어려운 가난한 나라의 어린이들에게 도움을 줄 수도 있답니다.

▲한 국제 구호 단체에서 나눠 주는 '사랑의 빵 저금통'.

7 행복한 왕자의 동상이 아프리카에 세워졌다면 행복한 왕자는 아프리카 어린이들을 어떻게 도울 수 있을지 말해 보세요(200~250자).

아프리카의 어린이들은 마실 물이 오염되어 설사병이나 감염병에 자주 걸린다. 이런 병들은 예방주사를 맞으면 막을 수 있지만, 주사약을 살 돈이 없어 죽는 어린이가 많다. 우물을 파면 되지만, 돈이 없어 그러지 못한다. 모기에 물려 말라리아를 앓다가 죽는 어린이도 많다. 먹을 것도 부족해 많은 어린이들이 영양 부족으로 고생하거나 굶어 죽기도 한다.

▲아프리카에는 물이 귀하기 때문에 오염된 물을 걸러 먹을 수 있는 개인용 휴대 정수기(라이프 스트로우)가 필요하다.

<신문 기사 참조>

초등학생 문해독서 초급 2호 답안과 풀이

01. 『벌집이 너무 좁아!』

♣10쪽

1. 예시 답안

　벌통이 갑자기 비좁아져서 일하거나 휴식할 때 불편해졌기 때문에, 왜 그런지 알고 해결책을 찾기 위함이다.

2. 예시 답안

　벌들은 침입자 벌이 지저분하게 씻지도 않고 자고 먹고 하기 때문에 감염병을 옮길 거라고 생각했다. 이는 낯선 벌에게 두려워하는 마음을 가졌기 때문이다. 낯선 벌 때문에 자기가 피해를 볼까 봐 먼저 무시하거나 깔보았던 것이다.

♣11쪽

3. 예시 답안

▸ 외국인이 우리나라 사람들의 일자리를 빼앗을까 봐 걱정이 되기 때문이다.

▸ 외국인이 범죄를 저지를까 봐 겁이 나기 때문이다.

▸ 외국인이나 다문화가정에 여러 가지 혜택을 주기 때문에 세금이 낭비된다고 생각하기 때문이다.

4. 예시 답안

　침입자 벌을 찾으려고 하면, 벌통에 새로운 벌이 들어올 때마다 그 벌을 찾느라 서로 의심해서 다투고 혼란이 생긴다. 하지만 방을 하나 더 만들면 그런 다툼과 혼란 없이 질서를 찾을 수 있다.

♣12쪽

5. 예시 답안

▸ 우리나라 사람들이 싫어하는 일자리를 찾아서 일을 한다.

▸ 인구가 늘어나 생활에 필요한 물건을 사서 쓰기 때문에 공장이 잘 돌아가 일자리가 더 늘어난다.

▸ 다른 나라의 문화가 우리나라에 알려져 우리 문화도 발전한다.

▸ 우리나라에 들어온 외국인이나 다문화가정 사람이 살던 나라에 우리나라가 많이 알려져 우리나라의 물건이 더 많이 수출된다.

6. 예시 답안

▸ 세계 여러 나라의 전래 동화를 읽거나 영화를 보면서 외국의 문화를 이해하려고 노력한다.

▸ 다른 나라의 음식을 만들어 먹으며 그 나라의 음식 문화를 이해한다.

♣13쪽

7. 예시 답안

　피부색이나 언어가 나와 다르다고 해서 다문화가정의 아이들을 따돌려서는 안 된다. 꿀벌들은 벌집에 침입자 벌이 있어도 쫓아내지 않는데, 함께 살면 더 많은 꿀을 모을 수 있기 때문이다. 꿀벌처럼 우리도 다문화가정의 어린이들과 함께 어울려 지내는 것이 더 이익이다. 다양한 문화를 배워 우리 문화가 더 발전할 수 있고, 다문화가정 사람이 살던 나라에 우리나라가 더 많이 알려져 우리나라 물건을 더 많이 수출할 수도 있기 때문이다.

02. 『지구를 구한 꿈틀이사우루스』

♣18쪽

1. 예시 답안

　자연에는 원래 쓰레기가 없기 때문이다. 자연에 있는 모든 것은 또 다른 누군가를 위한 맛있는 음식이다. 예를 들어 지렁이는 땅에 떨어진 잎이나 나뭇가지, 똥을 먹는다. 지렁이는 그것들을 내장 속 박테리아를 이용해 식물을 위한 음식으로 바꾼다.

2. 예시 답안

　지렁이의 똥에는 식물에 이로운 미생물이 많이 살기 때문이다. 또 다른 동물의 똥과는 달리 냄새도 나지 않고, 나쁜 벌레도 막아 주어서 식물이 잘 자랄 수 있도록 돕는다.

♣19쪽

3. 예시 답안

　지렁이가 살 수 있는 땅과 먹을 것이 줄었기 때문이다. 1800년대에 산업혁명이 빠르게 이뤄지면서, 공장이 많이 생기고 큰 도시가 나타나기 시작했다. 도시에서 나온 쓰레기가 강과 바다로 흘러들어 지렁이가 살 수 있는 땅이 줄었다. 플라스틱처럼 썩지 않는 쓰레기가 많이 생겨서 지렁이가 먹을 것을 구하기도 어려워졌다.

4. 예시 답안

찰스 다윈은 지렁이가 식물이 잘 자라게 하는 데 도움이 된다는 사실을 알았기 때문이다. 그는 항아리에 흙을 담아 지렁이를 키웠는데, 흙이 곱고 촉촉해졌음을 발견했다. 지렁이가 땅을 기름지게 일구는 역할을 한다는 사실을 알아낸 것이다.

♣20쪽

5. 예시 답안

지렁이는 썩는 것만 먹을 수 있다. 그런데 더 많은 농작물을 얻기 위해 화학 비료를 사용하면 땅이 썩지 않는다. 먹을 것이 없어진 지렁이는 굶어 죽거나 다른 곳으로 도망칠 수밖에 없다. 지렁이뿐만 아니라 흙속에 사는 다른 미생물들도 함께 죽는다. 그러면 영양분이 부족해져서 식물이 잘 자라지 못하고 농사도 잘 안 된다.

6. 예시 답안

매립지에 버리는 쓰레기를 줄일 수 있다. 또 쓰레기를 처리해 영양분이 많은 흙을 얻을 수 있다. 화학 비료를 쓰지 않고 농사를 지어서 친환경 농산물을 얻을 수 있다.

♣21쪽

7. 예시 답안

사람들이 흔히 사용하는 플라스틱은 썩지 않아서 지렁이가 먹지 못한다. 지렁이는 음식물 쓰레기와 개똥, 종이, 헝겊 등 썩는 것만 먹을 수 있기 때문이다. 썩는 플라스틱이 개발되면 지렁이가 먹고 똥을 누어서 영양분이 많은 흙으로 만들 수 있다. 영양분이 많은 흙에서는 화학 비료를 쓰지 않아도 농사가 잘되고, 친환경 농산물을 얻을 수 있다. 또 매립지에 버리는 쓰레기의 양도 줄일 수 있어서 환경 오염을 막는 데 도움이 된다.

03. 『구름 박사님~ 날씨 일기 쓰세요?』

♣26쪽

1. 예시 답안

2. 예시 답안

▶어부 : 어부는 날씨를 미리 아는 게 참 중요해. 바람이 세게 부는 날에는 파도가 높아서 배가 뒤집히면 목숨을 잃을 수 있거든. 그래서 파도가 잔잔한 맑은 날에만 배를 타야 한단다.

▶농부 : 농부도 날씨를 미리 아는 게 참 중요해. 가뭄과 홍수에 대비해야 하거든. 가뭄이 들면 논과 밭에 더 자주 물을 줘야 하고, 큰비가 내리면 빗물이 잘 빠져 나가게 물길을 터 줘야 한단다.

♣27쪽

3. 예시 답안

구름의 모양에 따라 이름을 붙이면 사람들이 날씨를 미리 아는 데 도움이 된다. 구름의 모양에 따라 날씨가 달라지기 때문이다.

4. 예시 답안

하늘에 쏘아 올린 인공위성을 이용해 날씨를 알 수 있다. 그리고 라디오존데라는 장치를 풍선에 매달아 공중에 띄워서 날씨를 알 수 있다. 부이를 이용해 바다의 온도와 습도, 파도의 높이를 잴 수 있다.

♣28쪽

5. 예시 답안

	구름 모양	예상되는 날씨
권운		날씨가 곧 흐려질 것이다.
적운		날씨가 계속 맑을 것이다.

6. 예시 답안

양털구름 또는 뽀송이구름, 폭신폭신구름 등으로 붙일 수 있다. 이 구름이 하늘에 많으면 곧 비가 내릴 것임을 알 수 있다.

♣29쪽

7. 예시 답안

구름 사진을 보니 우리나라에 비가 많이 오고 바람이 많이 부는데, 태풍이 불어닥쳤기 때문임을 알 수 있다. 남쪽 바다에서 또 다른 태풍이 올라오고 있으니 대비를 단단히 해야 할 것이다. 이처럼 기상위성이 찍은 구름 사진을 보면 구름의 크기와 모양, 위치를 알 수 있어서 구름이 이동하는 길을 예상할 수 있다. 그리고 맑은 날이 계속 될지 비가 올지, 태풍이 언제 올지 등을 미리 알 수 있어서 자연 재해를 대비할 수 있다.

04. 『우리나라를 소개합니다』

♣34쪽

1. 예시 답안

가로 열쇠	세로 열쇠
① 김치	① 김구
② 삼계탕	② 한글
③ 한복	③ 삼복
④ 무궁화	④ 화전

2. 예시 답안

계절	건강을 해칠 수 있는 날씨의 특징	건강을 지키기 위해 사용하는 물건
봄	바람이 불고 황사가 자주 온다.	마스크, 바람막이 점퍼 등
여름	햇볕이 강하고 무덥다.	모자, 선글라스, 선크림 등
가을	찬 바람이 불고 낮과 밤의 기온 차가 크다.	카디건이나 얇은 점퍼, 스카프 등
겨울	춥고 눈이 내린다.	난로, 장갑, 부츠 등

♣35쪽

3. 예시 답안

▶ 1절 : 거북선 이순신 한글은 세종대왕/대한 독립 안중근 발명은 장영실

▶ 2절 : 나라 세운 단군 나라 지킨 강감찬/고려 세운 왕건 강한 나라 광개토대왕

4. 예시 답안

영어로 된 간판을 보고서는 무엇을 하는 곳인지 모를 때가 많다. 우리말로 바꾸면 이해하기 쉽다. 외국어와 한글을 마음대로 합친 간판도 많은데, 이렇게 한글로 고쳐서 쓰면 한글이 망가지는 일도 막을 수 있다.

♣36쪽

5. 예시 답안

▶ 한복의 좋은 점 : 한복은 치마와 바지의 통이 넉넉해 따뜻한 공기를 담아 두기 좋다. 살이 찌거나 홀쭉해져도 표시가 나지 않게 입을 수 있다. 자연에서 나는 재료로 물을 들여 오염도 없고 색도 곱다.

▶ 한복의 나쁜 점 : 입는 방법이 복잡하고 활동할 때 불편해서 요즘은 명절이나 기념일에만 입는 사람이 많다.

6. 예시 답안

매운 맛이 강한 건 고춧가루나 고추장을 넣기 때문이야. 고추장 대신 맛을 내는 양념으로 간장을 쓰면 돼. 간장은 짠맛이 나는 흑갈색 액체야. 발효 음식이기 때문에 건강에 좋고 맵지도 않지. 네가 좋아하는 재료를 넣어 함께 볶아도 돼. 우리나라에서는 치즈, 라면, 해물 등을 넣어서 만들기도 하거든.

♣37쪽

7. 예시 답안

한글로 디자인한 티셔츠를 넣고 싶다. 이 티셔츠를 입으면 외국인들에게 한글의 아름다움을 알릴 수 있고, 한국에 관한 호기심을 일으킬 수도 있다. 한지로 만든 부채도 넣고 싶다. 한지는 가볍고 질겨 오래 쓸 수 있고, 빛깔도 은은해 외국인도 좋아할 것 같다. 라면도 넣고 싶다. 한국의 라면은 끓이기 쉽고, 맛도 다양해서 세계 여러 나라 사람이 맛있게 먹을 수 있을 것 같기 때문이다.

초등학생 문해독서 초급 2호 답안과 풀이

05. 『도깨비 시장』

♣42쪽

1. 예시 답안

　소년은 성격이 착하다. 마음씨가 친절하고 너그러워서 불쌍한 사람을 보면 도울 줄 알기 때문이다. 땔감을 낡고 오래된 구리 비녀와 바꾸면 소년에게는 손해가 된다. 그럼에도 할머니가 땔감을 구하지 못해 밥을 지어 먹지 못한다는 말을 듣고 안타까운 마음이 들었다. 그래서 땔감을 자기한테 필요하지도 않은 구리 비녀와 바꾸었고, 할머니의 집까지 가져다주었다.

2. 예시 답안

	동네 마트	도깨비 시장
차이점	밤에는 문을 닫는다.	밤에만 문을 연다.
	새것만 판다.	낡고 오래된 물건만 판다.
	돈을 내야 물건을 살 수 있다.	물건끼리 맞바꿀 수 있다.
	마트 주인은 누구에게나 같은 가격으로 물건을 판다.	도깨비는 욕심쟁이는 골려 주고, 착한 사람의 소원은 들어준다.

♣43쪽

3. 예시 답안

오래된 물건을 찾기 어려운 까닭	사람들이 새것만 좋아해서 물건을 쓰다가 조금만 싫증이 나도 버리고, 새것을 사기 때문이다.
오래 쓰면 좋은 점	쓰레기를 줄여 환경 보호에 도움이 된다.
	물건을 새로 만들지 않아도 되므로 자원을 아낄 수 있다.
오래 쓰면 나쁜 점	물건이 낡아서 다칠 수도 있다.
	공장이 돌아가지 않아 일자리가 사라지고, 일을 하는 사람들이 버는 돈도 줄어든다.

4. 예시 답안

　소년이 마을 사람들에게 이익을 가져다 주는 소원을 말했기 때문이다. 도깨비들은 술장수나 최 부자처럼 인색하고 욕심 많은 사람을 싫어하고, 소년처럼 너그럽고 욕심이 적은 사람, 착한 사람을 좋아한다. 소년은 마을에 너른 논밭과 큰 저수지를 만들어 달라고 했다. 도깨비들이 소원을 들어 주자, 마을 사람들은 이제 끼니 걱정을 안 해도 된다고 기뻐했다

♣44쪽

5. 예시 답안

▶ 좋은 점 : 물물교환을 하면 나에게 남아도는 물건을 버리지 않고 필요한 물건으로 바꿀 수 있기 때문에 경제적이다. 또 물건을 새로 만들지 않아도 되니 자원을 절약할 수 있다.

▶ 나쁜 점 : 물물교환을 하려면 물건을 직접 들고 다녀야 해서 힘이 든다. 또 같은 물건이라도 나와 상대가 생각하는 가치가 서로 다르면 바꾸지 못한다.

6. 예시 답안

　나중에 내가 어려움을 겪을 때 이웃의 도움을 받을 수 있다. 지금 내가 어려운 이웃을 도우면, 그 사람도 도움을 받은 기억 때문에 어려움에 빠진 다른 이웃을 돕게 된다. 이런 움직임이 이어지면 사회에서 어려운 이웃을 돕는 분위기가 강해진다. 지금 나는 어렵지 않지만 나중에 어떤 어려움을 겪을지 알 수 없다. 따라서 지금 태풍이 닥치거나 홍수가 나서 어려움에 빠진 이웃을 보면 힘껏 도와야 한다. 그러면 나중에 내가 자연 재해를 당해 어려움을 겪을 때 이웃의 도움을 받을 수 있다.

♣45쪽

7. 예시 답안

　제주시의 초등학교 학생들과 나무꾼 소년은 어려움을 겪는 사람에게 도움을 주었다는 점이 닮았다. 이웃을 돕는 방법은 여러 가지가 있는데, 아나바다 장터를 열어 이웃을 도우면 쓰레기를 줄일 수 있어서 좋다. 나에게 필요 없는 물건을 버리지 않고, 필요한 사람에게 줄 수 있기 때문이다. 또 필요한 물건을 새로 사서 쓰지 않고 다른 사람에게 받아서 쓰면, 불필요한 소비를 줄이고 자원을 절약할 수 있다.

06. 『겁보만보』

♣50쪽

1. 예시 답안

　혼자서 할 수 있는 일도 부모님이 대신해 주었다. 그래서 아무 일도 스스로 할 수 없게 되어 겁이 많아졌기 때문이다.

초등학생 문해독서 초급 2호 답안과 풀이

2. 예시 답안

이불 개기	아침에 10분 일찍 일어나는 습관을 들여 이불을 스스로 갤 것이다.
식사 준비 돕기	식사를 할 때 밥상에 숟가락과 젓가락을 놓겠다.
빨래 개기	빨래를 갤 때 양말의 짝을 맞추고, 수건을 갤 것이다.
신발 정리	현관에 신발을 가지런히 놓는 일을 맡아 하겠다.

♣51쪽

3. 예시 답안

버스를 타고 마트에 가서 장을 봐 와야지.	버스를 잘못 타거나 정거장을 잘못 내리면 길을 잃을 수 있다.
수박을 칼로 잘라 먹어야겠다.	칼을 쓰다가 베일 수 있기 때문에 위험하다.
엄마에게 따뜻한 커피를 타 드려야지.	뜨거운 물을 붓다가 화상을 입을 수도 있다.

4. 예시 답안

책임감	화초에 물 주기를 맡아서 한다.
배려심	주말에 한 번쯤은 간단한 간식을 준비해서 가족들에게 대접한다.
자립심	계란이나 두부 등을 혼자 사 온다.

♣52쪽

5. 예시 답안

만보는 바깥심부름을 해 낸 뒤 겁이 없어지고 용기가 생겼다. 용기를 가지고 또 다른 일에 도전하다 보면 성공적으로 해 낼 수 있다. 이렇게 도전을 계속하다 보면 자신감이 점점 더 생기게 된다.

6. 예시 답안

물을 혼자 따라서 마실 때마다 자꾸 흘렸는데, 계속하다 보니 이제는 컵에 넘치지 않게 잘 따라서 마실 수 있게 되었다. 무슨 일을 하든지 실패해도 용기를 잃지 않고 도전하면 언젠가는 잘할 수 있다는 점을 배웠다.

♣53쪽

7. 예시 답안

내가 스스로 할 수 있는 일을 실패할까 봐 두려워서 자꾸 부모님께 맡기다 보면 경험이 부족해진다. 경험이 부족해지면 새로운 일에 도전할 수 있는 용기도 사라진다. 실패를 경험해 봐야 스스로 문제를 해결하겠다는 자립심과 책임감이 생기고, 혼자 할 수 있다는 자신감도 생긴다. 자신감이 커지면 자신이 하고 싶은 일을 찾아서 스스로 계획하고, 끝까지 해 낼 수 있기 때문에 공부도 잘할 수 있다.

07.『똥벼락』

♣58쪽

1. 예시 답안

돌쇠 아버지가 김 부자네 머슴이었기 때문이다. 머슴은 자신을 고용한 사람이 시키는 대로 해야 하는 처지였다. 따라서 억울한 일을 당해도 마음대로 항의할 수 없었다.

2. 예시 답안

똥거름은 고구마 같은 **농작물**을 잘 지라게 하는 영양 **물질**이기 때문이다. 사람이 음식을 잘 먹고 영양분을 흡수해야 잘 자라듯, 농작물도 영양분을 알맞게 흡수해야 잘 자랄 수 있다. 똥거름에는 이러한 영양분이 많이 들어 있으므로 농작물을 잘 자라게 한다.

♣59쪽

3. 예시 답안

열심히 돌밭을 가꾸는 돌쇠 아버지에게 동정심이 생겼다. 우리는 흔히 도깨비가 장난꾸러기가 심술쟁이라고 생각하지만 이 이야기에 나오는 산도깨비는 그렇지 않다. 정직하고 성실한 사람을 돕고 욕심쟁이를 혼내 주는 착한 마음씨를 지녔다. 그래서 돌쇠 아버지가 돌밭에 거름할 귀한 똥이 뭉개졌다며 눈물까지 글썽이자, 산도깨비는 돌쇠 아버지를 가엾게 여겼다.

4. 예시 답안

▶ 돌려줄 것이다. 금가락지는 내 것이 아니기 때문에 주인을 찾아 돌려줘야 한다. 금가락지를 돌려주지 않으면 지나친 욕심을 부리는 일이다. 욕심을 부리면 다른 사람에게 피해를 주고, 결국 자신에게도 손해가 돌아온다.

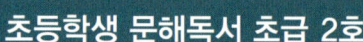

▶ 돌려주지 않을 것이다. 돌쇠 아버지는 김 부자네 집에서 30년간 머슴으로 일한 대가를 제대로 받지 못했다. 금가락지를 가져도 머슴으로 일한 대가보다는 많이 부족하다. 금가락지를 돌려주면 욕심쟁이 김 부자가 자기 집 똥이 사라진 책임을 물을 게 뻔하다.

♣60쪽

5. 예시 답안

▶ 최 부잣집에게서 도움을 받은 사람들이 뒷날 형편이 나아지면 은혜를 갚기 때문이다.

▶ 최 부잣집이 좋은 일을 한다는 소문이 나서 도둑이 들지 않았기 때문이다.

▶ 어려운 사람을 돕는 착한 마음씨 덕분에 복을 받았다.

6. 예시 답안

옛날에 마음씨 착한 농사꾼이 살았다. 그런데 웬 노인이 맷돌을 짊어진 채 쓰러져 있는 모습을 발견했다. 노인은 동네에서 제일 부잣집에 하룻밤만 묵게 해 달라고 청했다가 쫓겨난 것이었다. 농사꾼은 노인을 정성껏 간호했다. 깨어난 노인은 맷돌을 선물로 주고 떠났다. 다음 날 농사꾼은 쌀이 있으면 좋겠다는 생각을 하며 맷돌을 돌렸다. 그러자 쌀이 계속 나왔다. 옷이 있으면 좋겠다는 생각을 하고 맷돌을 돌리자 옷이 계속 나왔다. 농사꾼은 동네 사람들에게 골고루 나누어 주어 모두 잘살게 되었다. 이 소문을 들은 심술쟁이 부자는 맷돌을 훔쳐 배에 싣고 달아났다. 부자가 배 위에서 소금 생각을 하면서 맷돌을 돌리자 소금이 계속 나왔다. 어느새 배는 소금의 무게를 이기지 못하고 심술쟁이 부자와 함께 바다 밑으로 가라앉았다.

♣61쪽

7. 예시 답안

내가 산도깨비라면 요양원에서 사시는 어르신들을 돕고 싶다. 어르신들은 몸이 불편하셔서 운동을 하지 못하기 때문에 몸이 뻣뻣한 분들이 많다. 가족이 없거나 가족과 멀리 떨어져 사는 바람에 외로운 분도 많다. 나는 우쿨렐레와 리코더 등 악기를 배우는 동아리에 들어가서 열심히 배울 것이다. 어르신들이 좋아할 만한 곡을 연습해 한 달에 한 번은 공연을 해 드리겠다. 공연이 끝나면 어깨도 주물러 드리겠다.

08.『엉뚱한 수리점』

♣66쪽

1. 예시 답안

	손님들	소이
김이 잘 서리는 거울	김이 자꾸 서려서 자주 닦아 줘야 하니 귀찮다.	김이 서린 거울에 그림을 그리면 재미있다.
유령이 나오는 침대	유령이 나와서 밤에 잠을 잘 수가 없고 무섭다.	유령과 친구가 되어 함께 놀면 재미있다.
강아지풀이 계속 자라는 화분	강아지풀을 계속 뽑아 줘야 해서 힘들다.	강아지풀을 뽑아서 간지럼 태우기 놀이를 하면 재미있다.

2. 예시 답안

▶ 구멍 난 양말을 적셔서 옷걸이에 끼워 보세요. 좁은 틈을 잘 청소할 수 있어요.

▶ 구멍 난 양말을 손에 끼고 창틀을 닦아 보세요. 먼지를 깨끗하게 닦을 수 있어요.

▶ 구멍 난 양말을 모아 솜으로 안을 채워 보세요. 공을 만들어 친구들과 놀 수 있어요.

♣67쪽

3. 예시 답안

얼굴이 더 예뻐지면 친구가 많아질 것이라고 믿는 건 잘못된 생각이야. 사람은 저마다 남다른 개성이 있어. 자신의 개성을 살리는 것이 얼굴이 예쁜 것보다 훨씬 더 중요해. 나쁜 말이나 행동은 고쳐야 하지. 그러나 자신의 외모에는 만족하고 자신감을 가져야 해. 그래야 남의 말에 상처를 받지 않고, 친구들과 더 사이좋게 지낼 수 있단다.

4. 예시 답안

다른 사람의 것과 내 것을 비교하면, 늘 내가 가진 것에 만족을 하지 못해서 기분만 상한단다. 내가 가진 것에 만족하고 감사해야 행복해질 수 있어.

초등학생 문해독서 초급 2호 답안과 풀이

♣68쪽

5. 예시 답안

남을 따라 했다가 후회한 일	앞으로의 다짐
친구가 매운 것을 잘 먹는다고 자랑하며 짬뽕을 시키는 것을 보고, 나도 따라 짬뽕을 시켜 먹었는데, 너무 매워서 제대로 먹지 못했다.	다음에는 무턱대고 친구를 따라하지 않고, 내가 좋아하는 자장면을 먹어야겠다.

6. 예시 답안

▶ 아침에 늦잠을 잤는데, 엄마가 깨워 주셔서 지각을 하지 않았으니 감사하다.

▶ 어제 친구와 다퉈서 오늘 학교에 가면 사이가 서먹할까 봐 걱정했는데, 먼저 인사해 줘서 감사하다.

▶ 학교에서 돌아오니 엄마가 떡볶이를 만들어 주셨다. 마침 배가 너무 고팠는데, 맛있게 먹게 해 주셔서 감사하다.

♣69쪽

7. 예시 답안

사람은 저마다 말투나 성격, 생각이 다르다. 자신의 기준으로 친구에게 마음에 들지 않는다며 고치라고 하면 친구의 기분이 상한다. 친구의 모습을 있는 그대로 인정하자. 예를 들어 사투리를 쓰는 친구에게는 사투리가 정감이 있어서 좋다고 말한다. 그리고 행동이 느린 친구에게는 성급하지 않고 믿음직스럽다는 등 칭찬의 말을 건네는 것이 좋다. 친구의 모습을 있는 그대로 인정해야 친구들과 더 사이좋게 지내고 행복해질 수 있다.

09. 『무조건 내 말이 맞아!』

♣74쪽

1. 예시 답안

동기의 의견	찬모의 의견
소금장수는 똑똑하다. 당나귀가 꾀부리는 걸 알고, 소금 대신 솜을 실어 나쁜 버릇을 고치도록 했기 때문이다.	당나귀의 마음도 헤아리는 너그러운 주인이 되면 좋겠다. 미리 짐을 줄여 줬다면 당나귀가 일부러 물에 빠지지는 않았을 것이다.

2. 예시 답안

▶ 상대방의 의견이 나와 다르다고 무시하거나 공격할 때.

▶ 자기 의견만 고집할 때.

▶ 상대방의 말이 끝나지도 않았는데 끼어들어 말할 때.

▶ 토론 주제에서 벗어난 의견을 말할 때.

♣75쪽

3. 예시 답안

▶ 다른 친구들도 덩달아 자기 의견만 옳다고 우기다가 싸움이 벌어진다.

▶ 자기 의견을 무시당한 친구들이 상처를 받아서 입을 다물고, 토론에 참여하지 않는다.

▶ 토론 수업에 재미를 느끼지 못해 딴짓을 하는 친구들이 늘어난다.

4. 예시 답안

매주 독서 토론을 하면 다른 사람과 대화하고 의견을 나누는 능력을 키워 좋은 관계를 맺을 수 있다. 사람은 저마다 다른 환경에서 살기 때문에 경험도 다르고, 생각도 다를 수 있다. 토론하면서 생각이 다른 사람과 대화를 나누는 경험이 쌓이면 다른 사람을 존중하면서 다투지 않고 지낼 수 있다. 문제 해결 능력도 기를 수 있다. 민주주의 사회에서 여럿이 어울려 살다 보면 문제가 생기기도 하는데, 이럴 때 토론하면 혼자서는 생각하지 못한 해결 방법을 찾을 수 있다. 공감 능력과 상대의 입장을 배려하는 마음도 기를 수 있다. 토론을 하면서 상대의 입장을 헤아릴 수 있기 때문이다.

♣76쪽

5. 예시 답안

독서 토론 규칙
1. <u>다른 사람이 말하고 있을 때는 끼어들지 않는다.</u>
2. 다른 사람이 말할 때 끼어들면 말할 기회를 한 번 건너뛴다.
3. 상대방이 말을 하면 눈을 맞추고 듣는다.
4. 상대방이 말을 하면 공책에 적으면서 듣는다.
5. 내 의견만 고집하면 10분간 토론에 참여하지 못한다.

6. 예시 답안

의견을 나눈 경험	좋았던 점
가족 여행을 어디로 갈지 의견을 나눈 경험이 있다.	아빠나 엄마의 의견을 무조건 따를 때보다 가족 모두의 의견을 모아 결정했을 때, 여행 계획을 세우는 것이 더 즐거웠다. 여행을 가서도 더 많은 경험을 하며 알차게 보낼 수 있었다.

♣77쪽

7. 예시 답안

　학급의 문제는 회의를 열어서 결정해야 반 친구 모두가 불만 없이 그 결정에 따를 수 있습니다. 회의를 하면서 저마다 자기 의견을 낼 수 있기 때문입니다. 자신이 결정한 의견이라야 적극적으로 실천할 마음이 생기지요. 또 회의를 하면 여러 사람의 의견을 들을 수 있어서 더 좋은 결정을 할 수 있습니다. 다른 사람의 의견을 듣고 입장을 헤아려서 결정하기 때문입니다.

10. 『그 소문 들었어?』

♣82쪽

1. 예시 답안

　▶거짓 소문은 구덩이다. 거짓에 빠져 헤어 나오지 못하게 하기 때문이다.
　▶거짓 소문은 곰팡이다. 사람의 마음을 상하게 만들기 때문이다.
　▶거짓 소문은 연기다. 순식간에 빨리 퍼지기 때문이다.

2. 예시 답안

　▶이익을 얻기 위해서다. 금색 사자도 자신이 왕이 되려고 은색 사자에 대한 거짓 소문을 퍼뜨렸다.
　▶다른 사람을 곤경에 빠뜨리기 위해서다. 금색 사자는 은색 사자를 곤경에 빠뜨리기 위해 거짓 소문을 퍼뜨렸다.
　▶장난으로 만들어지기도 한다. 금색 사자는 인기 많은 은색 사자가 얄미워서 장난으로 거짓 소문을 만들었다.

♣83쪽

3. 예시 답안

　동물들은 사실이 아닌데도 모두 같은 이야기를 안다는 사실만으로 은색 사자를 의심하기 시작했다.

4. 예시 답안

　▶금색 사자의 탓이 가장 크다고 생각한다. 거짓으로 이야기를 꾸며 가짜 소문을 만들어 퍼뜨렸기 때문이다.
　▶다른 동물들의 탓이 가장 크다고 생각한다. 사실인지 확인해 보지도 않고 무턱대고 소문을 믿고 퍼뜨렸기 때문이다.

♣84쪽

5. 예시 답안

　은주가 친구들을 무시한다는 소문을 들었는데, 알고 보니 거짓 소문이었다. 내성적인 성격이어서 친해질 때까지 시간이 많이 필요한 것뿐이었다. 이 소문 때문에 은주를 멀리해서 친해지는 데 오래 걸렸다. 거짓 소문에 속지 않으려면 소문을 덮어 놓고 믿어서는 안 된다. 사실인지 아닌지 직접 확인해 보려는 노력이 필요하다.

6. 예시 답안

　※'소문은 말로 때리는 폭력!'을 예로 들어 만든 포스터를 참고하세요.

♣85쪽

7. 예시 답안

　어떤 소문을 들었을 때 그대로 믿고 옮기면, 자신은 물론 다른 사람에게도 피해를 줄 수 있다. 사실이 아닌데도 다른 사람을 곤경에 빠뜨리기 위해 또는 장난으로 소문을 만들어 내기 때문이다. 민철이가 피구왕이라는 소문을 듣고 그대로 옮긴 주환이도 잘못했고, 소문을 그대로 믿고 피구 연습을 그만둔 친구들도 잘못이 크다. 소문을 들었을 때는 무시하거나, 그 소문이 왜 생겼는지 생각해 보고 사실인지 확인해야 한다.

초등학생 문해독서 초급 2호 답안과 풀이

11.『롤라와 나』

♣90쪽

1. 예시 답안

롤라의 자기 소개서	스텔라의 자기 소개서
① 좋아하는 음악 - 시끄러운 밴드 음악 ② 좋아하는 음식 - 생선과 채소를 듬뿍 올린 피자 ③ 좋아하는 일 - 옷가게에 가는 것 - 공원에 가는 것 - 지지 아저씨네 매점에 가는 것 ④ 좋아하는 영화 - 첩보 영화, 아마존 밀림을 탐험하는 영화	① 좋아하는 음악 - 클래식 ② 좋아하는 음식 - 스테이크, 살라미 소시지, 피자 ③ 좋아하는 일 - 옷가게에 가는 것 - 공원에 가는 것 - 지지 아저씨네 매점에 가는 것 ④ 좋아하는 영화 - 첩보 영화, 아마존 밀림을 탐험하는 영화

2. 예시 답안
▸ 롤라가 조금씩 더 멀리 나갈 수 있도록 돕는다.
▸ 롤라가 혼자 밖으로 나갈 때 무섭지 않도록 옆에 있는다.
▸ 롤라와 함께 산과 바다로 여행을 떠난다.

♣91쪽

3. 예시 답안
　롤라는 스텔라와 함께 지내면서 혼자서는 할 수 없던 공원에 가기나 집에서 먼 곳까지 외출하기 등 많은 일을 할 수 있었다. 또 스텔라와 함께 친구가 되어 즐거운 시간을 보냈다. 그래서 아름다운 시간을 보냈다고 말하는 것이다.

4. 예시 답안
▸ 몸이 아픈 친구의 가방을 대신 들어준다.
▸ 친구가 울 때 위로한다.
▸ 몸이 아픈 친구를 간병한다.

♣92쪽

5. 예시 답안
▸ 친구는 생활의 비타민이다.
▸ 우정이 없는 생활은 무인도에서 사는 것과 같다.

6. 예시 답안

♣93쪽

7. 예시 답안

12.『행복한 왕자』

♣98쪽

1. 예시 답안

도움을 받은 사람	달라진 점
아이가 아프지만 물밖에 줄 수 없는 어머니	아픈 아이를 병원에 데려가서 치료할 수 있을 것이다.
팔아야 할 성냥이 모두 물에 젖어 우는 소녀	왕자의 도움으로 저녁에 먹을 음식을 살 수 있을 것이다/성냥팔이를 그만두고 학교에 다닐 수 있을 것이다 등.

111

초등학생 문해독서 초급 2호 답안과 풀이

| 춥고 배가 고파 글을 쓸 수 없는 작가 | 음식과 땔감을 사 편안하게 글을 쓸 수 있을 것이다/왕자의 도움에 감동을 받아 왕자의 이야기를 글로 쓸 것이다 등. |

2. 예시 답안

제비는 다른 사람을 도우면서 기쁨과 만족을 느껴 그럴 수 있다. 도움을 받은 사람의 따뜻한 마음이 그대로 전달되어서 그럴 수도 있다.

♣99쪽

3. 예시 답안(그림 생략)

▸ 따뜻한 도시 왕자 상

▸ 행복 나눔 상

4. 예시 답안

▸ 행복한 왕자는 자기가 가진 소중한 것을 모두 나눠 줄 수 있는 따뜻한 마음을 가졌다. 행복한 왕자의 이러한 따뜻한 마음이 용광로의 온도보다 더 뜨거웠기 때문일 것이다.

▸ 행복한 왕자의 따뜻한 마음은 사라지지 않고 영원히 남아 있기 때문일 것이다.

♣100쪽

5. 예시 답안

▸ 작가가 '행복한 왕자'로 지은 까닭 : 왕자는 자기가 가진 소중한 것을 다 나눠 주고 볼품없는 모습이 되었다. 하지만 다른 사람들을 도우면서 왕자는 행복을 느꼈기 때문이다.

▸ 내가 고친 제목 : '영원히 사는 심장을 가진 왕자'/'세상에서 가장 따뜻한 왕자' 등.

6. 예시 답안

도와준 사람	도운 일	느낀 점
동생	한글을 모르는 동생에게 동화책을 읽어 주었다.	- 재미있어 하는 동생을 보고 기분이 좋았다. - 동생에게 한글을 가르쳐 줘야겠다고 생각했다.
친구	친구가 아파서 약을 먹을 때 물을 떠다 주었다.	다음 날 친구가 고마웠다고 인사하는 것을 보고 내 마음도 따뜻해졌다.
친구	친구가 짐이 많아서 힘들어 할 때 같이 들어 주었다.	내가 어려울 때 그 친구가 나를 도와주었다. 서로 돕는 것은 좋은 것이라고 생각했다.
친구	비가 오는 날 우산이 없는 친구와 함께 우산을 썼다.	친구의 집까지 함께 우산을 쓰고 갔다. 친구와 더 친해질 수 있어서 기뻤다.
엄마	엄마가 집안일로 바쁘실 때 도와드렸다.	기뻐하시는 엄마의 모습을 보고 더 많이 도와드려야겠다고 생각했다.
옆집 아이	엘리베이터에 자전거를 싣는 것을 도왔다.	아이가 고맙다고 인사해 마음이 뿌듯했다.

♣101쪽

7. 예시 답안

아프리카에 세워지는 행복한 왕자의 동상은 의사일 것이다. 아픈 어린이들이 왕자의 손을 잡으면 설사병이 나을 수 있을 것이다. 행복한 왕자와 포옹하면 감염병도 낫는 마법의 왕자 동상일 것이다. 왕자가 준 보석을 더러운 물에 담그면 물이 깨끗해질 것이다. 그래서 아프리카의 어린이들이 깨끗한 물을 마시게 될 것이다.